牧野富太郎関係者

家族

牧野小左衛門（祖父）―― 牧野浪子（祖母）

牧野佐平（父）―― 牧野久壽（母）

牧野壽衛子（妻）

牧野富太郎（1862~1957）

東大関係者

矢田部良吉（教授）

大久保三郎（助教授）

松村任三（助教授）

池野成一郎（助教授）

市川延次郎（『植物学雑誌』創刊）

染谷徳五郎（『植物学雑誌』創刊）

大渡忠太郎（台湾出張に同行）

内山冨次郎（台湾出張に同行）

もっと知りたい

牧野富太郎

生涯と作品

池田 博　田中純子 著

東京美術

はじめに

生涯を植物に捧げた植物学者

池田 博（東京大学総合研究博物館　准教授）

私は小さい頃からスポーツと植物が好きで、中学生の頃は野球部に所属しながら学級花壇の世話をしていました。牧野富太郎の伝記を読み、植物に対する情熱に心打たれたのもこの頃だったような気がします。大学は植物学専攻のある学科を選び、「生き物会」というクラブに入って毎週のように山に行っていました。そんなときには必ず『学生版 牧野日本植物図鑑』（北隆館・1981）を片手に持ち、絵と合わせて植物の名前を調べたものでした。

月日も経ち大学の先生になって、学生相手に植物に関する授業や実習をする際にまず聞くことがあります。「みなさんは牧野富太郎って知っていますか？」と。しかし、知っている学生はほとんどいません。現在では牧野富太郎の名前は学校の授業にも出てこないし、名前に接する機会はほとんどないようです。でも、こんな面白い生涯を送った人を知らずにいることは何ともったいないことでしょう。

何か新しい視点で牧野富太郎を紹介する機会がないかと思っていたところ、本書の依頼があり、練馬区立牧野記念庭園の田中純子さんという強い味方を得て、一緒に書かせてもらうことになりました。

この本は、明治から大正、昭和にかけて、一生涯を大好きな植物にささげ、常人には発揮できないパワーを放ち続け、常識外れであるがゆえに様々なトラブルにみまわれ（招き？）ながらも、もち前の「人たらし」の性格により、不思議と困難を乗り越えていく植物学者、牧野富太郎のお話です。「もっと知りたい」とタイトルにもあるように、通常の伝記物の枠にとらわれず、牧野の活動について、これまであまり書かれていなかったことについても積極的に書いています。この本を読んで、牧野富太郎の破天荒な生涯を楽しんでいただけたら幸いです。

シラスゲを手に持って　明治37年（1904）
高知県立牧野植物園提供

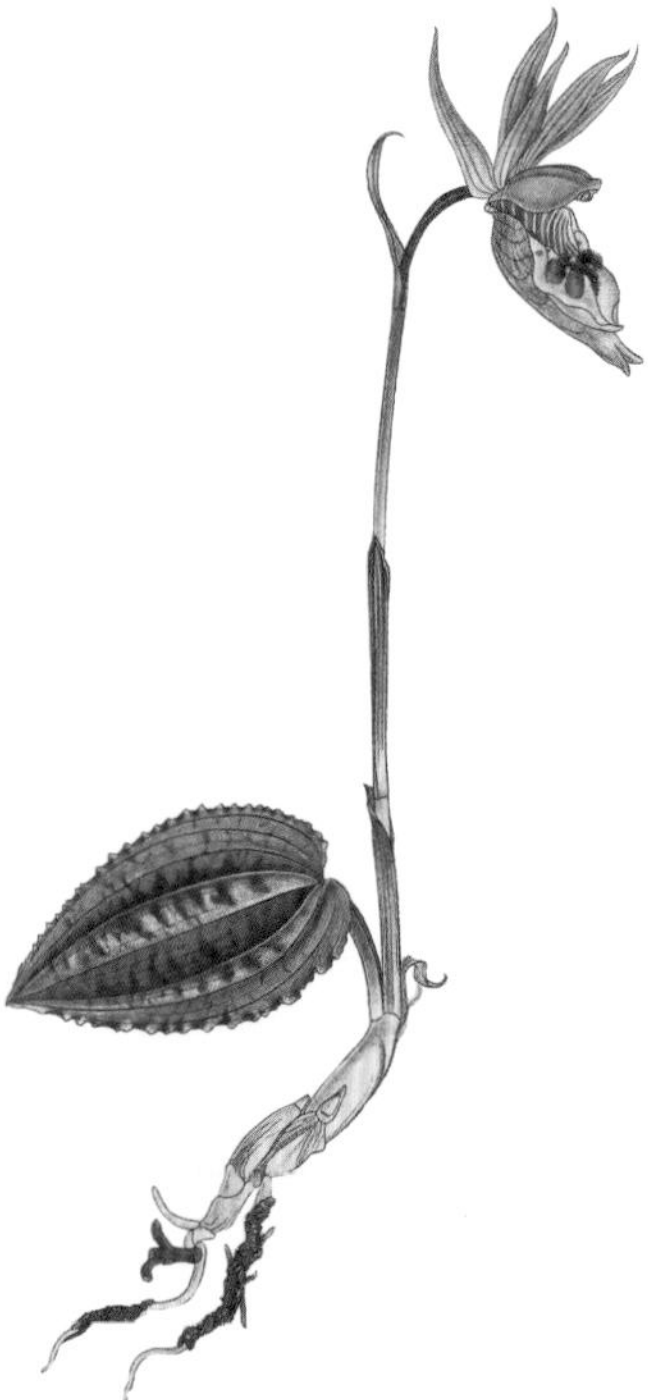

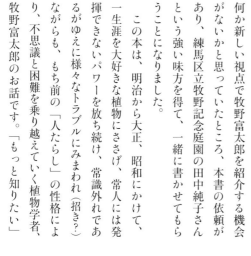

植物の魅力を教えてくれた牧野富太郎

田中純子（練馬区立牧野記念庭園　学芸員）

ボウブラを前にして　昭和14年（1939）
高知県立牧野植物園提供

牧野富太郎博士は、心から草木が好きであったと思います。私が博士を知ったのは、小学校6年生のときでした。夏休みのおススメ本の1冊として『牧野富太郎植物記』（あかね書房・1973〜4）が挙げられていました。8冊シリーズの3冊目、「山の花」を読み、こんなにも植物のことをよく知っている人がいるのかとうれしくなったことや、山には見たことのないきれいな花をつける植物があっていつか見てみたいと思ったことを覚えています。今の職場で博士の顕彰に励むことができるのは、奇しき縁によるとしか言いようがありません。シリーズの1冊目、「野の花」の巻頭を飾る「牧野富太郎博士のことば—植物はわが友」は珠玉の言葉がちりばめられ、一字一句をかみしめて何度でも味わいたい名文です。「自然はわたしたちにとって得がたい教師です。ただ、ぼんやりながめていてはなにも得るものはありませんが、学ぼうという気持ちさえもっていたら、自然はじつにいろいろなことをわたしたちに教えてくれます」のように、博士は大切なことを教えてくれています。

また、牧野博士が晩年に出版した植物随筆集は、植物の魅力を余すところなく伝える本です。例えば、「ボントクタデ」（『牧野富太郎選集2』東京美術・2023〈初版は『随筆　植物一日一題』東洋書館・1953〉）では、蓼《たで》は辛いと相場が決まっているが、ボントクタデは辛くないのでポンツクタデの意味であることが採集会に参加した会員の話から明らかとなったといいます。そして、「その実を包む宿存萼《しゅくそんがく》には特に辛味があるので、この点は僅かにポンツクを逃れて本当の蓼らしいのが面白い。しかしこの蓼はその味からいえばポンツクだが、その姿からいえばまことに雅趣掬《きく》すべき野蓼で、優に蓼花の秋にふさわしいものである。茎は日に照り赤色を呈して緑葉と相映じ、枝端に垂れ下がる花穂の花は調和よく紅緑相雑わり、それが水辺に穂を垂れている風姿はじつに秋のシンボルであって、他の凡蓼の及ぶところではない」と述べ、蓼に捧げた歌を詠んでいます。

もくじ CONTENTS

［凡例］
・植物図、標本、書籍は原則として名称、掲載誌名（植物図のみ）、制作年（刊行年）、所蔵先の順に記している。記載がないものは不

練馬区立牧野記念庭園に咲くユキワリイチゲ

4章

明である。植物図は、作者が牧野以外の場合は植物名のあとに作者名を入れた。

・壽衛子の名前は壽衛とされることもあるが、自叙伝の記載やスエコザサの名称から本書では壽衛子とした。

・本文中に記載の牧野の自叙伝は、『牧野富太郎自叙伝』（講談社学術文庫・２００４）を指す。

・東京大学は時期によって左記のように名称が変化したので、本書ではその時期に合わせた名称を採用している。

東京大学
明治10年（１８７７）４月12日〜
明治19年（１８８６）３月１日
帝国大学
明治19年（１８８６）３月２日〜
明治30年（１８９７）６月21日
東京帝国大学
明治30年（１８９７）６月22日〜
昭和22年（１９４７）９月29日
東京大学
昭和22年（１９４７）９月30日〜

・本文と解説の執筆担当は(I)＝池田、(T)＝田中で示した。記載のないものは編集部が担当した。

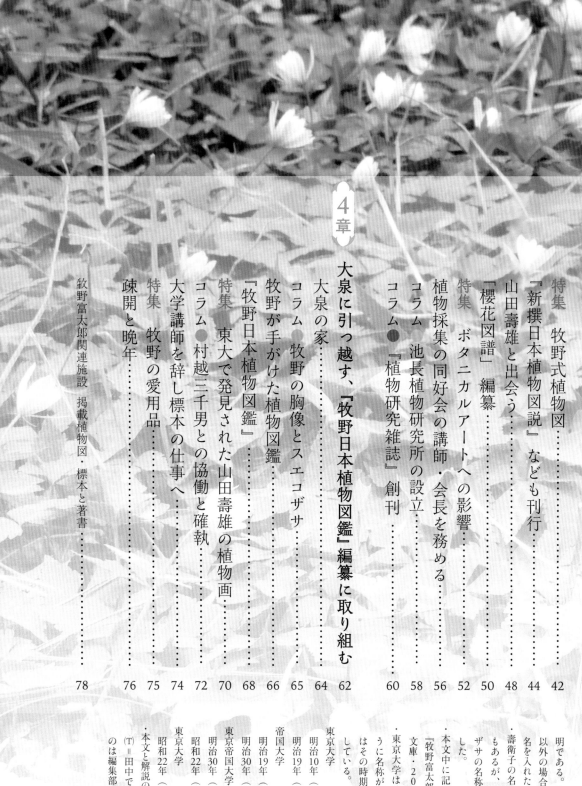

1章

幼少期から上京まで

誕生
文久2年
(1862)
▼
21
歳
明治16年
(1883)

牧野《まきの》富太郎《とみたろう》（1862〜1957）は、江戸時代の終わり頃、文久2年（1862）に現在の高知県高岡郡佐川町で生まれた。高知県つまり土佐では当時、坂本龍馬らが活躍していた。佐川町（当時佐川村）は、高知市内から西へおよそ28キロ行ったところに位置する。山に囲まれ、春日川が町の北部を流れている。「佐川山分《さかわさんぶん》学者あり」と言われたように山が多く、かつ儒者が多く出たところで、その風潮は明治になっても受け継がれていく。

牧野の生家は、酒造りと雑貨店を経営する、岸屋《きしや》という商家であった。佐川はとても水のよいところで酒造りに適していたことから酒屋が比較的多かったと『牧野富太郎自叙伝』で回想している。牧野は幼い頃に両親が亡くなり、続いて祖父も亡くなった。そこで祖母浪子《なみこ》によって大切な跡取りとして育てられることになる。

当時武家でない者が学問をすることは珍しかったであろうが、牧野は寺子屋で読み書きを、次に伊藤蘭林《らんりん》のところで漢学を、さらにもとは藩校であった名教館《めいこうかん》で、本人の言う「日進月歩」の学問、つまり西洋から入ってきた自然科学の学問や英学を学んだ。したがって、明治5年（1872）に学制が敷かれ2年後佐川町にも小学校ができると入学したが、すでにしっかりと学んできた牧野にとっては、飽き足らないものがあったようで1、2年で行くのをやめてしまった。

牧野公園より見た佐川町

11歳で西洋の自然科学や英学を学んだ名教館

その後は、「何とはなしに好きであった」と牧野が言う草木つまり植物を、裏の金峰《きんぷ》神社などで観察したり本で名前を調べたりして植物学の基礎を学んでいった。小学校で教えることを頼まれ、しばらく教壇に立つこともあった。

やがて高知市に行くことにした。明治12年（1879）頃のことである。そこで、終生変わらぬ交流をもつことになる永沼小《ながぬまこ》一郎《いちろう》との出会いがあった。永沼は、科学や英語に通じていて、牧野に分かりやすく教え、おそらく話がはずんだのであろう、夜遅くまで話し込んだこともあったと牧野は回想している。この滞在は、市内でコレラが流行して早々に郷里に戻ることになり短期間で終わった。戻ってから、愛媛県にある石鎚山《いしづちさん》に採集に出掛けた。天候に恵まれず難儀したが、そこで見慣れぬ奇草と出会った。それは、後にオオナンバンギセル（一名ヤマナンバンギセル）と名づけることになる植物であった。

明治14年（1881）に牧野は大きな決断をした。上京することに決めたのである。目的は、当時上野で開催されていた第二回内国勧業博覧会の見学、および書籍や顕微鏡の購入などであった。東京では、自然物を広く対象とする学問、博物学の大家たちに会うこともかなった。その一人田中芳男とは終生親しい交流をもつことになる。

東京から日光へ採集に出かけたり、帰路に岐阜と滋賀にまたがる伊吹山に立ち寄り採集を行ったりした。そこで採集した植物のひとつがイブキスミレという珍しいものであった。郷里に戻ってから、本格的に土佐で植物調査をしようと南西部の幡多郡《はたぐん》に1か月あまり出かけた。牧野は、そこで植物を採集し写生し記録することに励んだのであった。(T)

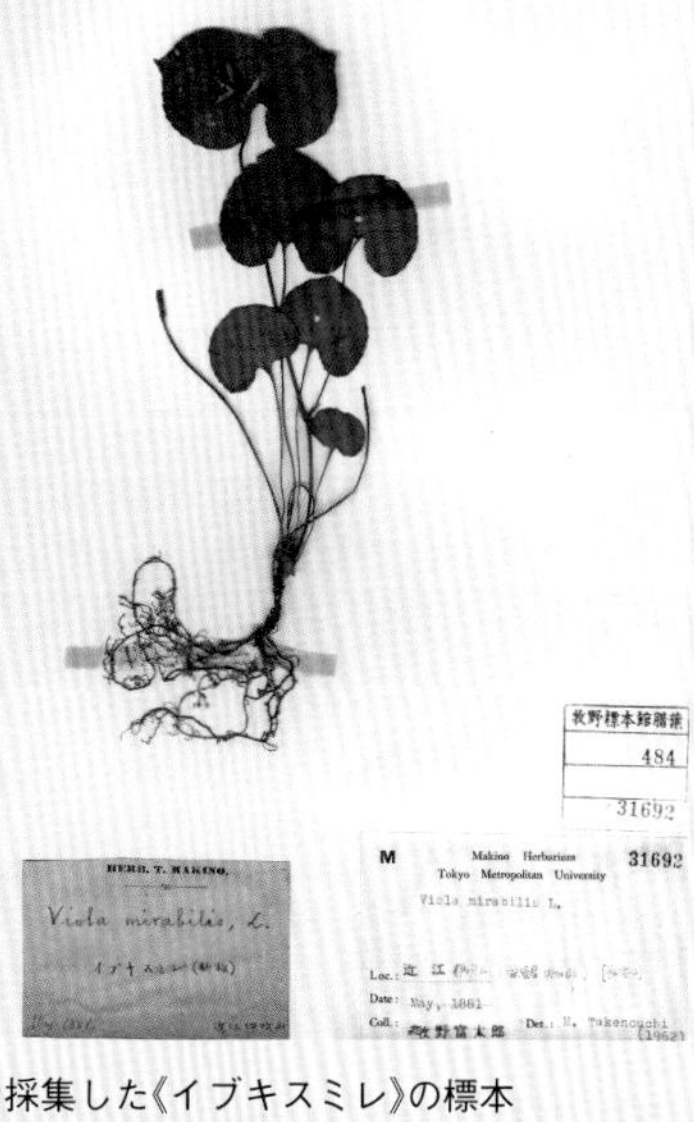

伊吹山で採集した《イブキスミレ》の標本
東京都立大学牧野標本館

Profile

誕生	文久2年（1862）	4月24日、土佐国高岡郡佐川村（現在の高知県高岡郡佐川町）に父佐平《さへい》、母久壽《くす》のひとり息子として生まれる。幼名は成太郎《せいたろう》。生家の岸屋は酒造りと雑貨店を営む裕福な商家。
3歳	慶応元年（1865）	父佐平病死。
5歳	慶応3年（1867）	母久壽病死。
6歳	慶応4年（1868）	祖父小左衛門《こざえもん》病死。この頃富太郎に改名。祖母浪子に育てられる。
10歳	明治5年（1872）	土居謙護の寺子屋で習字を学ぶ。
11歳	明治6年（1873）	伊藤徳裕（蘭林）の塾で漢学、名教館で西洋の諸学科を学んだほか、英語学校で英語を学ぶ。後の妻、小澤壽衛《すえ》子生まれる。
12歳	明治7年（1874）	佐川小学校に入学。
14歳	明治9年（1876）	この頃、小学校の授業に飽き足らず自主退学。植物採集して過ごし、『重訂本草綱目啓蒙』などで調べて植物の名前を覚える。
15歳	明治10年（1877）	請われて佐川小学校の臨時教員となる。昆虫にも興味をもち、採集する。
17歳	明治12年（1879）	佐川小学校の臨時教員を辞め高知市に出る。弘田正郎《ひろたまさお》の五松学舎に入塾する。
18歳	明治13年（1880）	植物の観察図や観察記録をつくる。
19歳	明治14年（1881）	顕微鏡や書籍を購入するために上京。第二回内国勧業博覧会見物のほか、農商務省博物局に田中芳男、小野職《もと》愨《よし》らを訪ね、日光などで植物採集し帰郷する。高知県南西部で植物採集を行う。
20歳	明治15年（1882）	伊藤圭介、小野職愨に植物の質問の手紙を出す。この頃、自由民権運動にたずさわる。

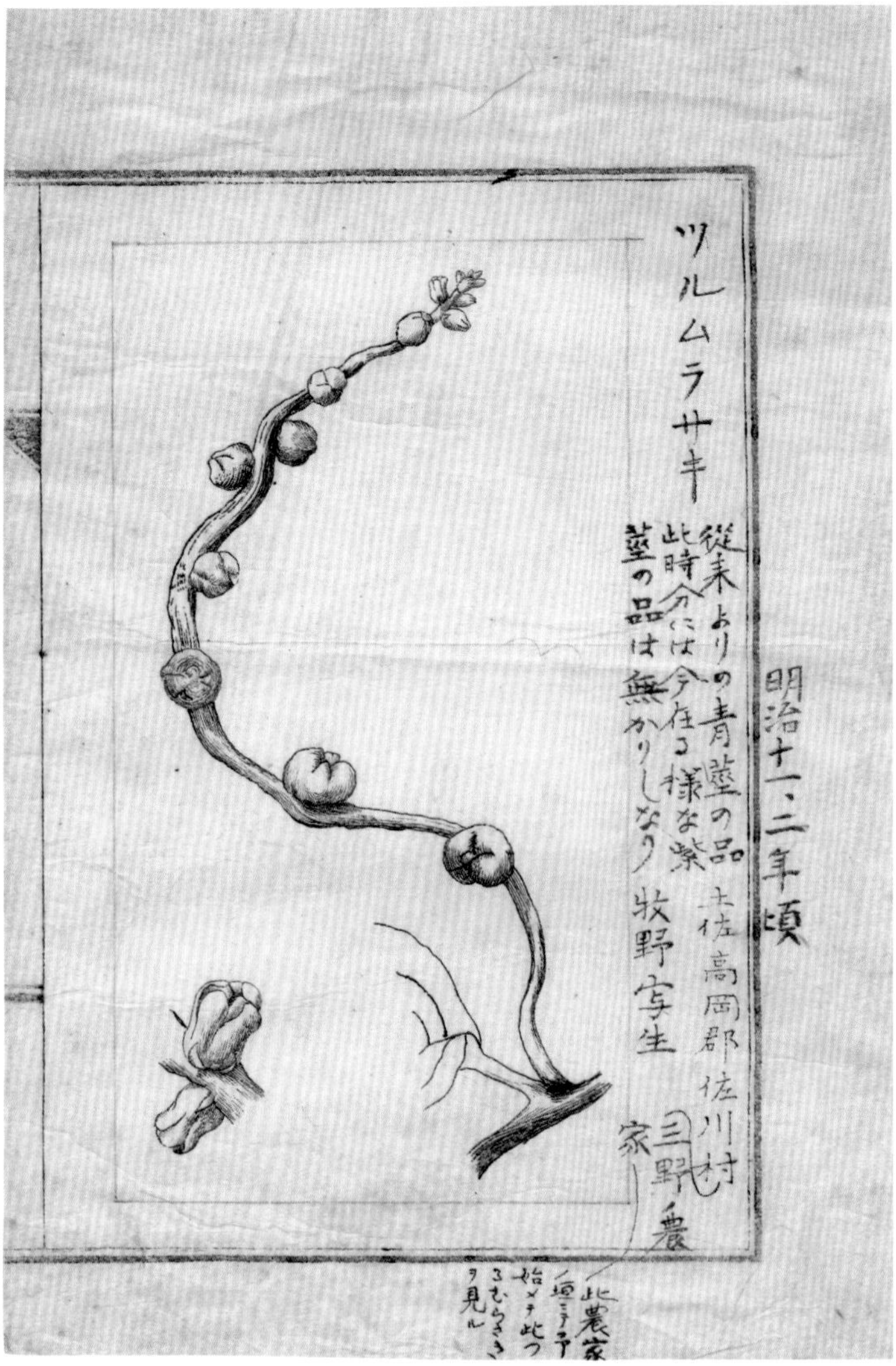

《ツルムラサキ》
明治11、12年（1878、1879）頃
個人蔵

ツルムラサキは、東南アジアから中国南部に分布するツルムラサキ科のつる性一年草。全体が緑色の青茎種と、茎や葉柄・葉の裏の一部が紫紅色になる赤茎種がある。葉の腋からやや肉質の花序を出し、白色から淡紅色の花をつける。果実はややつぶれた球形で濃黒紫色に熟す。葉や茎・若い芽を食用とするが、日本へは江戸時代に観賞用として伝わったとされる。（I）

「天然の教場」で植物を学ぶ

牧野は植物を分類する上で必要な構造を示す個々の要素を取り込んだ、非常に精緻な植物図を作ることに秀でていた。文章だけでなく、図解することが、植物の特徴を理解するためには極めて重要と捉え、それを研究心得のひとつに据え生涯にわたり実践していった。しかしながら、植物を描く方法をどのように習得したかについては、自叙伝などでほとんど語っていない。それでもなお、明治8年（1875）頃に西洋画の入門書『西画指南《せいがしなん》』を入手したことや、明治11年（1878）の写本『罫画撮要《けいがさつよう》』の存在から図の技法に関心があったことなどが分かっている。

牧野が描いた植物図で現在する最初のものは、現在分かる限りでツルムラサキの図ではないかと思われる。明治11、12年頃と牧野が後から書き込んでいる。この植物との出会いは、牧野にとって懐かしい思い出の一コマであったに違いない。すなわち「園芸植物瑣談《さだん》（其三十三）」（『実際園芸』第27巻第10号〈1941〉所収）のなかで「ツルムラサキと其両品」と題して述べている。それによれば、明治11、12年頃、郷里の佐川町のある農家の圃《は》の垣にからまる草が珍しいと思って採集し、その時分購入して間もない『本草綱目啓蒙《ほんぞうこうもくけいもう》』で探

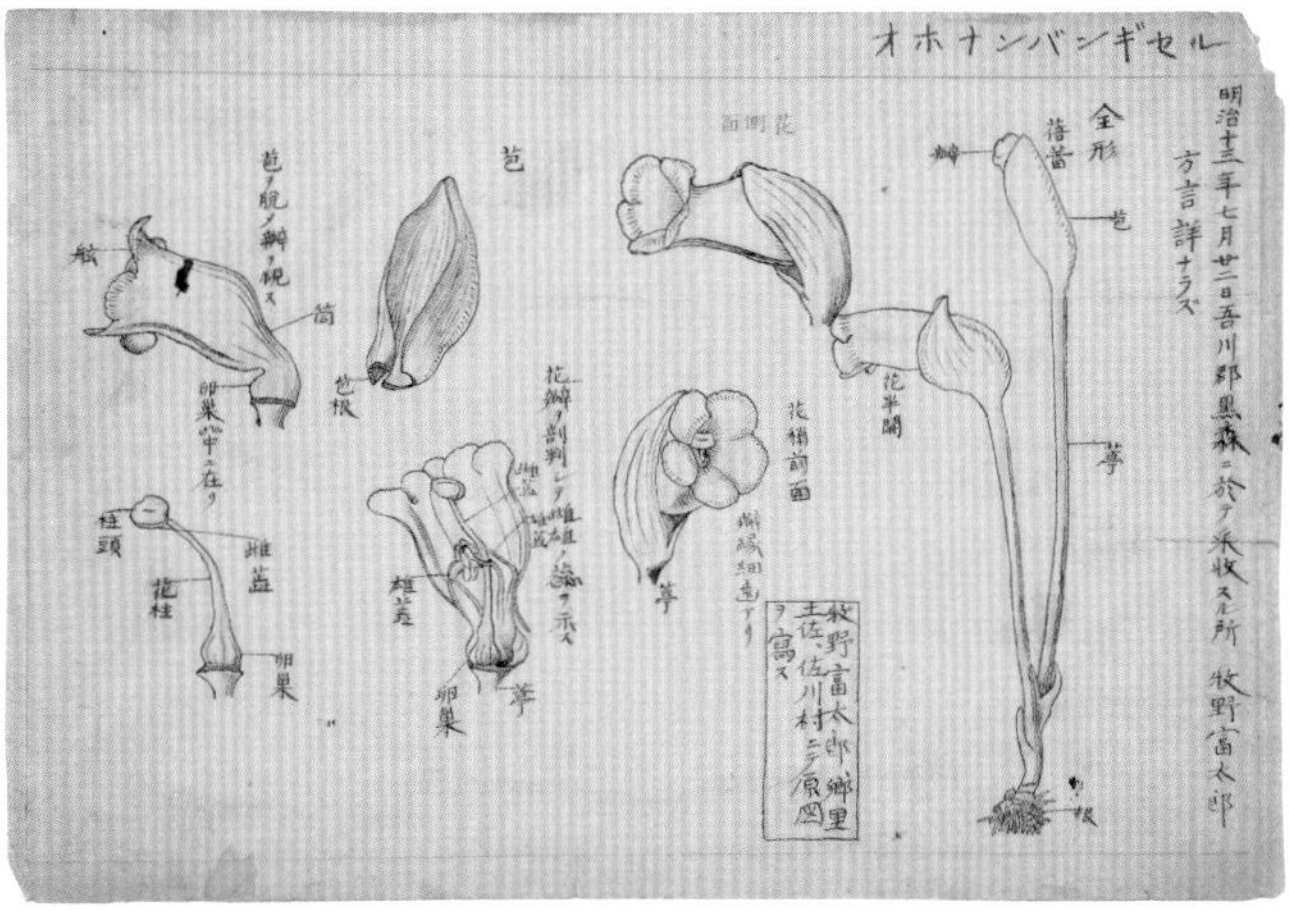

《オオナンバンギセル》

明治13年（1880）　高知県立牧野植物園

オオナンバンギセルは、ハマウツボ科の多年草。イネ科やカヤツリグサ科植物の根に寄生する。ナンバンギセルは、「南蛮煙管」の意味で、花を咲かせる姿を南蛮（東南アジアやスペイン・ポルトガルなど）の人が使うキセル（煙草を吸うためのパイプ）になぞらえてつけられた。オオナンバンギセルは、ナンバンギセルに似るが大型のためにつけられた名。牧野はオオナンバンギセルを明治13年（1880）7月に高知県吾川郡にある黒森で採集してスケッチをした。(I)

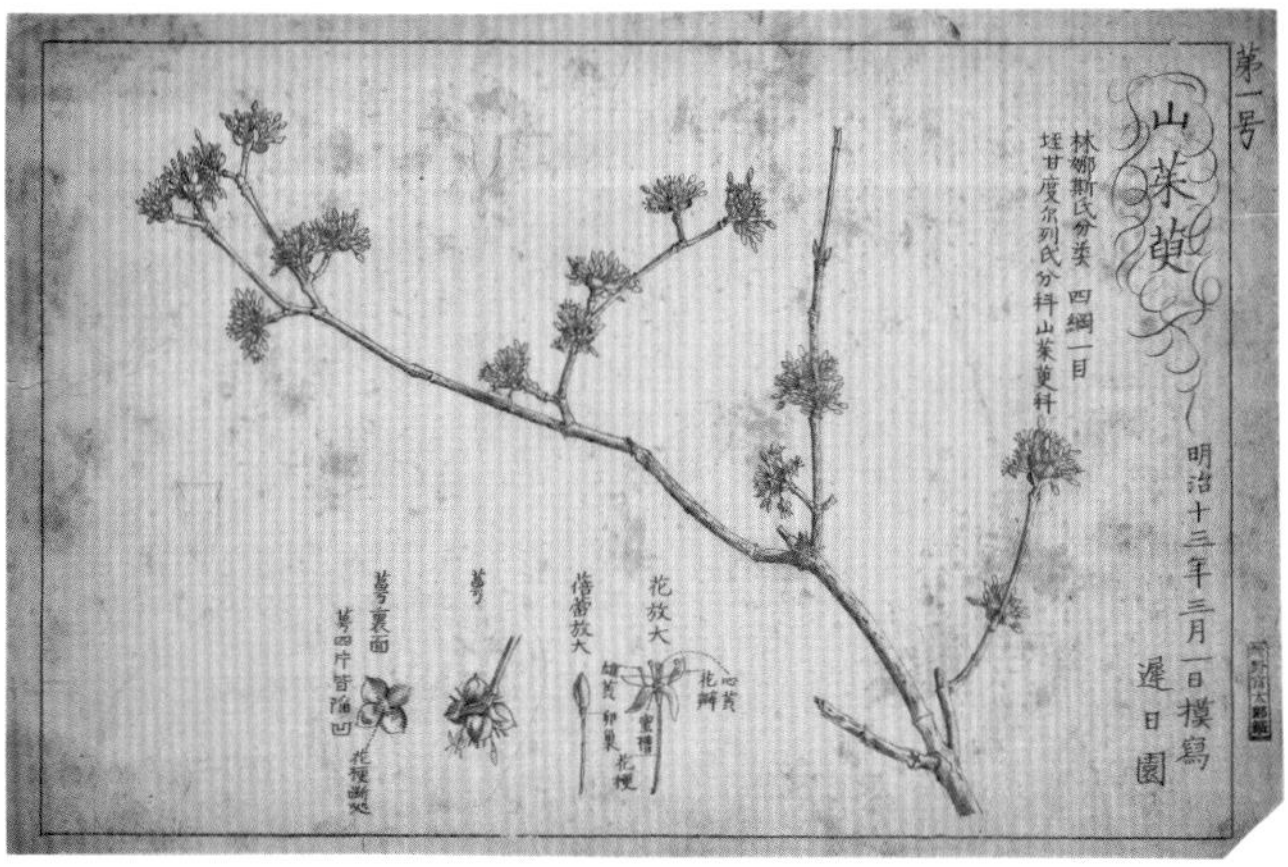

《サンシュユ》

明治13年（1880）　高知県立牧野植物園

牧野は明治13年（1880）の早春にサンシュユと下のハシバミの図を描いている。全体図と拡大図、それにリンネ（Carl von Linné）やド・カンドル（A. P. de Candolle）の分類体系上の位置などが記してあり、日本全国の植物を図と解説で示そうと決意する牧野の意気込みが感じられる先駆け的植物画である。

サンシュユは漢方薬にも用いられる朝鮮半島原産のミズキ科の落葉低木で、早春に鮮やかな黄色の花をつける。(I)

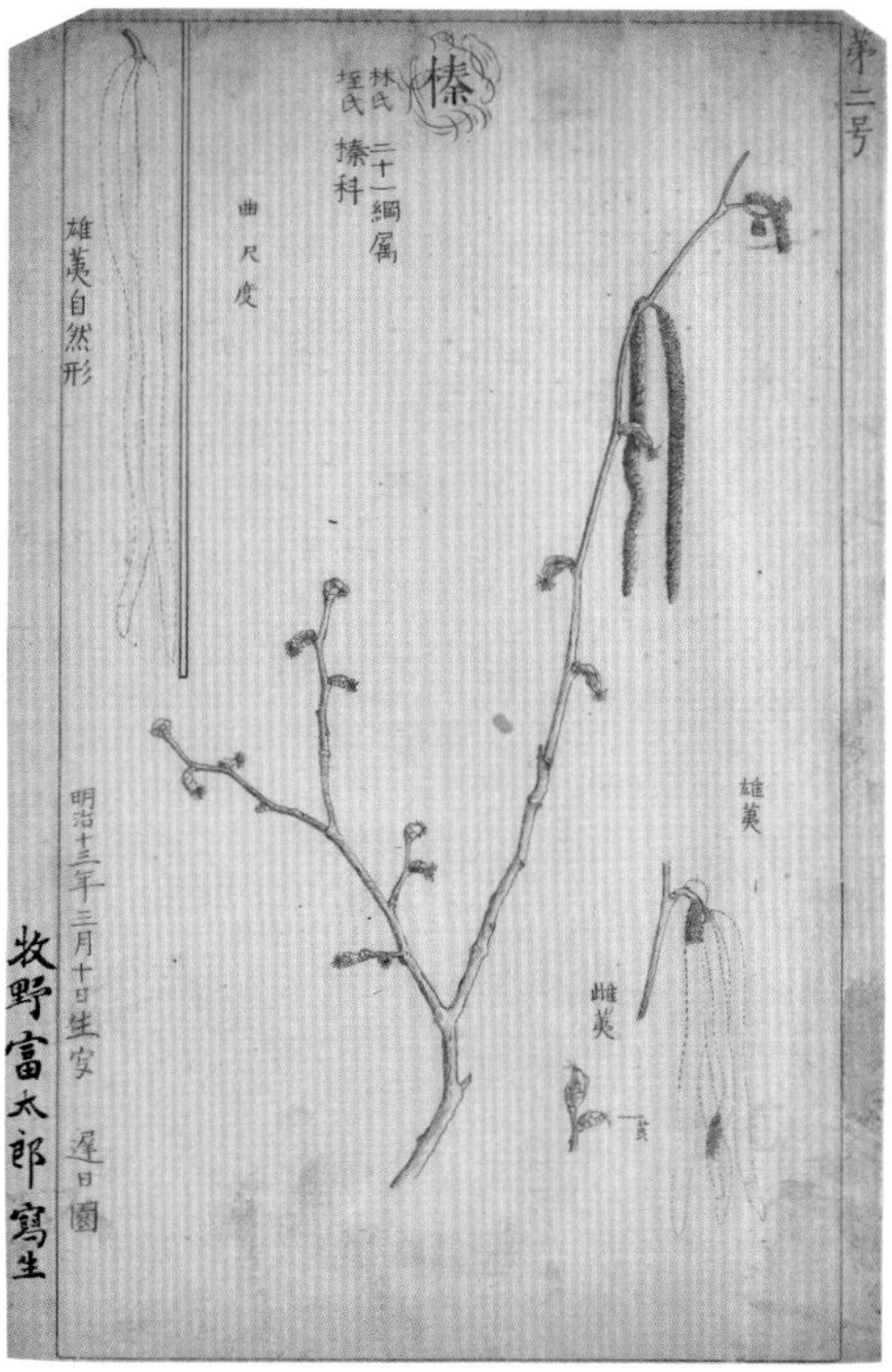

《ハシバミ》

明治13年（1880）　高知県立牧野植物園

ハシバミは、山地の日当たりのいい場所に生えるカバノキ科の落葉低木。周りの植物が葉を展開する前の3月から4月に花をつける。雄花序《ゆうかじょ》は細長く、枝先から茶色の紐のようにぶら下がり、雌花序《しかじょ》は数花が頭状に集まり、外に飛び出した赤い花柱が目立つ。ハシバミに近縁のセイヨウハシバミの果実は「ヘーゼルナッツ」として食用に供される。絵は開花期のもので、雄花序と雌花序が描かれている。(I)

したところただちに見出し、それがツルムラサキ（落葵）であると分かりとてもうれしかったという話である。(T)

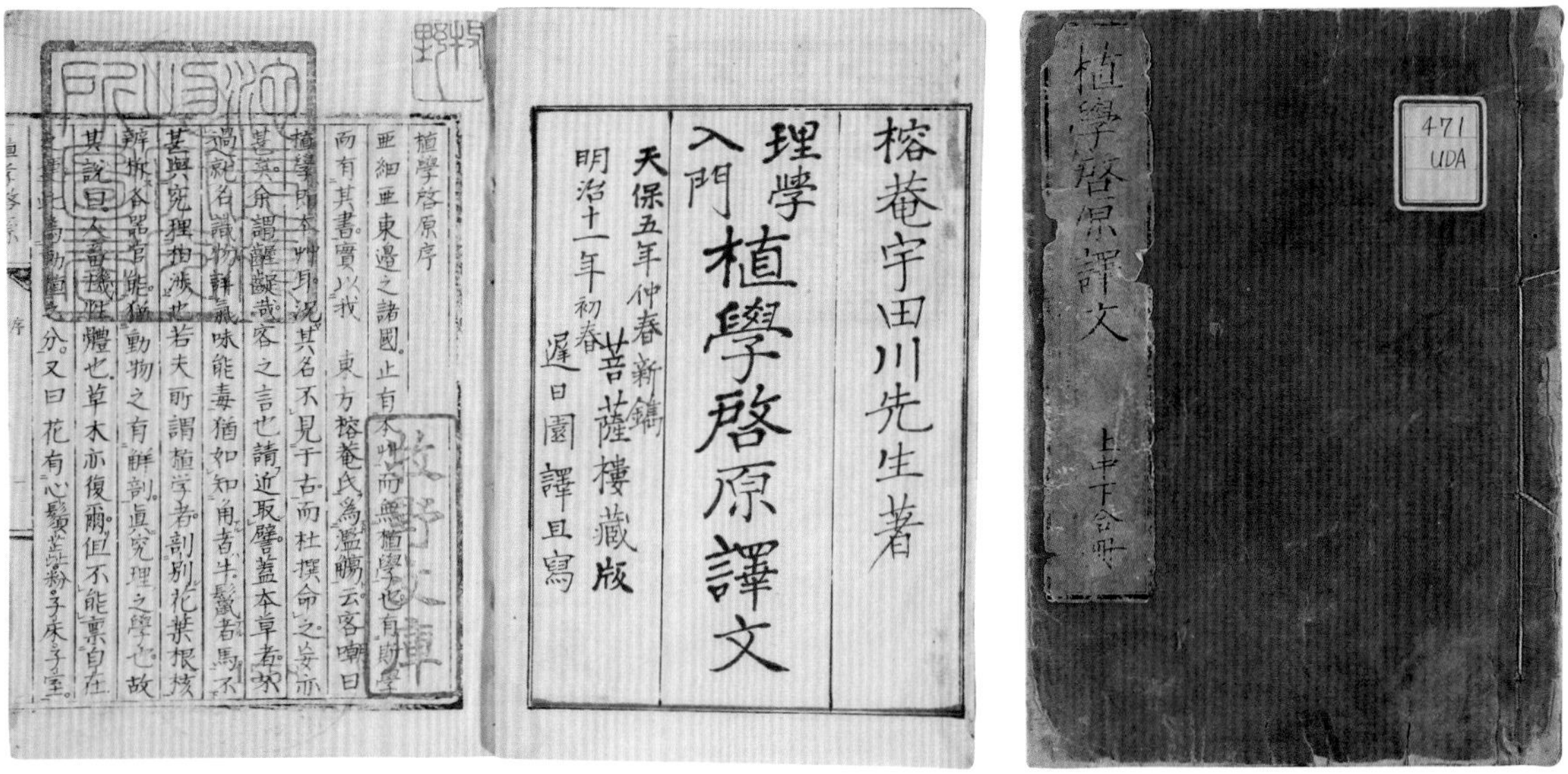

『植学啓原訳文』明治11年（1878）　高知県立牧野植物園

牧野は小学校をやめてからも、好きな植物を野外で観察しその知識を蓄えていった。それは、自叙伝にあるようにまさしく「天然の教場」で学んでいたのである。と同時に、植物学関係の本を入手しそれらを参考に植物学の基礎を学んだり、植物の名前を調べ覚えたりもしていた。参考になる書物は、江戸時代に書かれたものもあれば、明治維新以降、西洋の近代的な植物学を学ぶために編纂された入門書や抄訳本もあった。そのひとつが、『植学啓原』である。牧野は、父親が医者であった親友の家にあった蔵本を明治11年（１８７８）に写させてもらった。(T)

PICK UP

『植学啓原』とは

『植学啓原』は分類大綱・植物の形態や生理現象などを扱った植物学の入門書で天保5年（1834）に刊行された。宇田川榕庵（1798～1846）によるオランダの本のこの翻訳書が漢文であったため牧野が和文に訳した。この書物を通してリンネの分類や植物学の述語を牧野は習得したことであろう。宇田川榕庵は津山藩医で著名な蘭学者。『植学啓原』の「植学」は榕庵がつくりだした言葉で、今でいう植物学を意味する。(T)

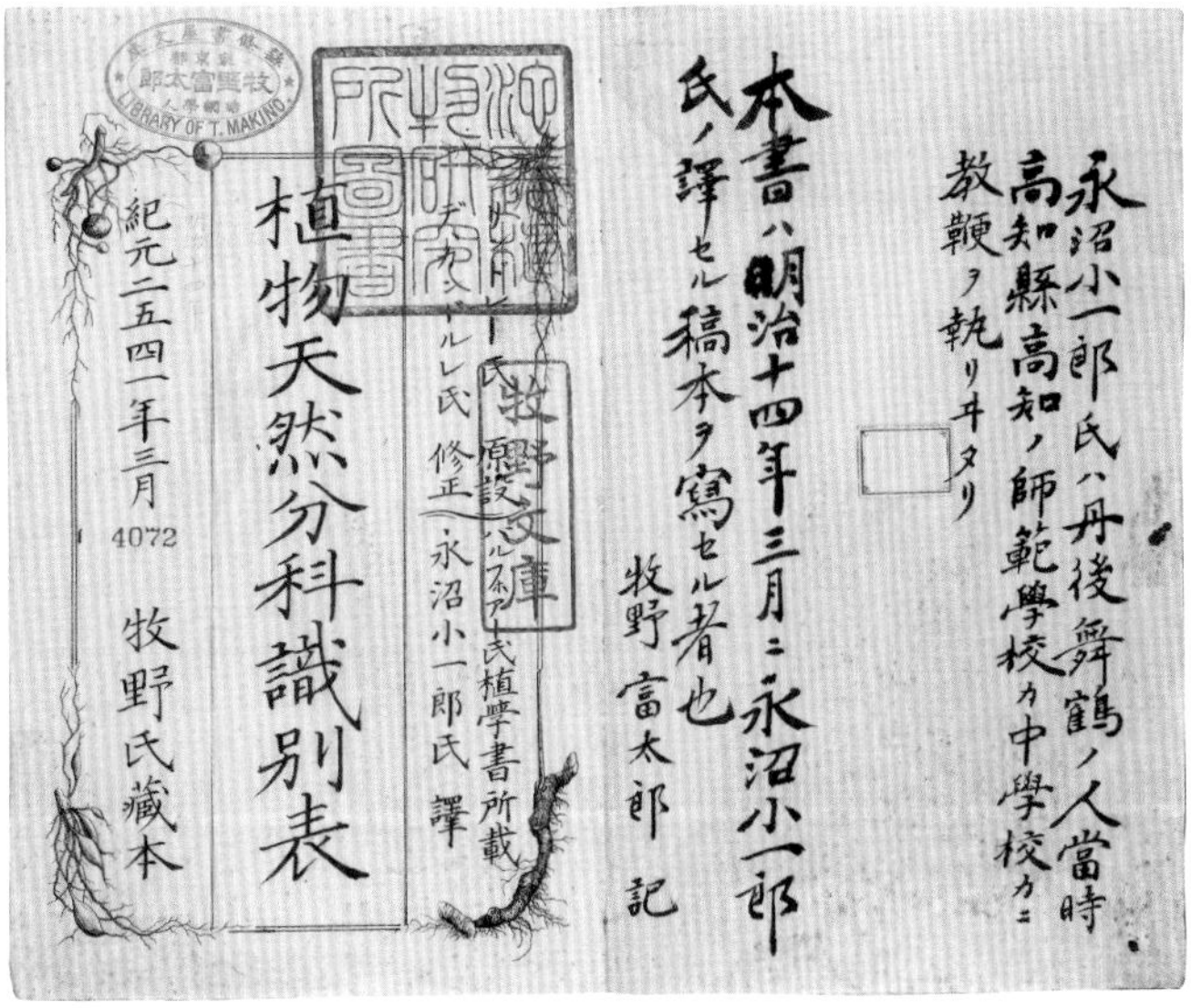

『植物天然分科識別表』 明治14年（1881） 高知県立牧野植物園

明治12年（1879）頃に牧野が高知で出会った永沼小一郎は英語に通じ、植物学の本を翻訳することもあった。それを見せてもらい写したという牧野は、永沼の翻訳書によって西洋の植物学を学ぶ機会に恵まれたのであろう。

『植物天然分科識別表』は、明治14年（1881）3月、永沼が訳した稿本を写したという牧野の記入がある写本である。タイトルの記された中表紙には、牧野がデザインしたイラストが見られる。地下にある目立たない根を描いたものであるが、牧野は植物を支える重要な器官として四隅に配したのではないか。続くページには、自分のイニシャルを取り込んだサヤエンドウのイラストもある。対象物を正確に捉えることはもちろん、おしゃれなデザインが目を惹く。(T)

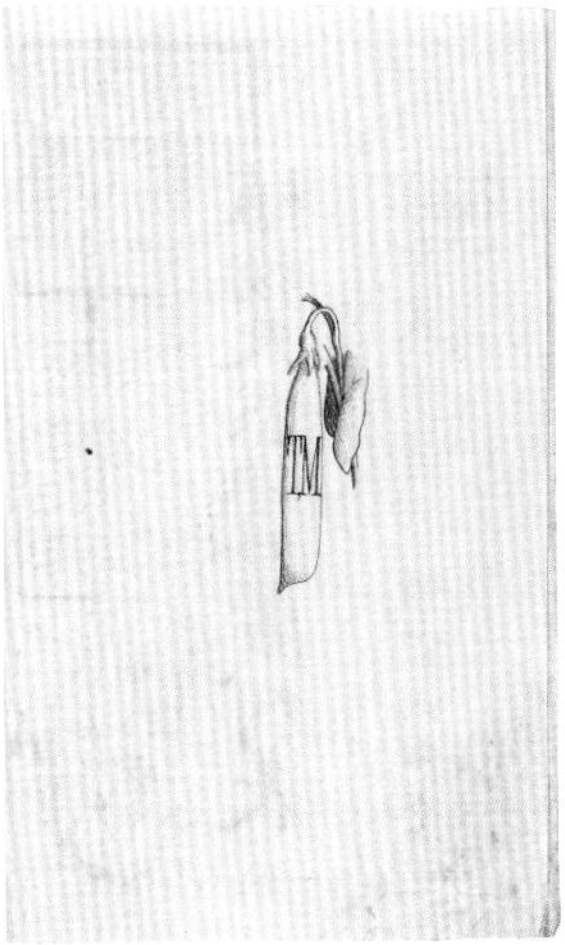

《サヤエンドウ》
高知県立牧野植物園

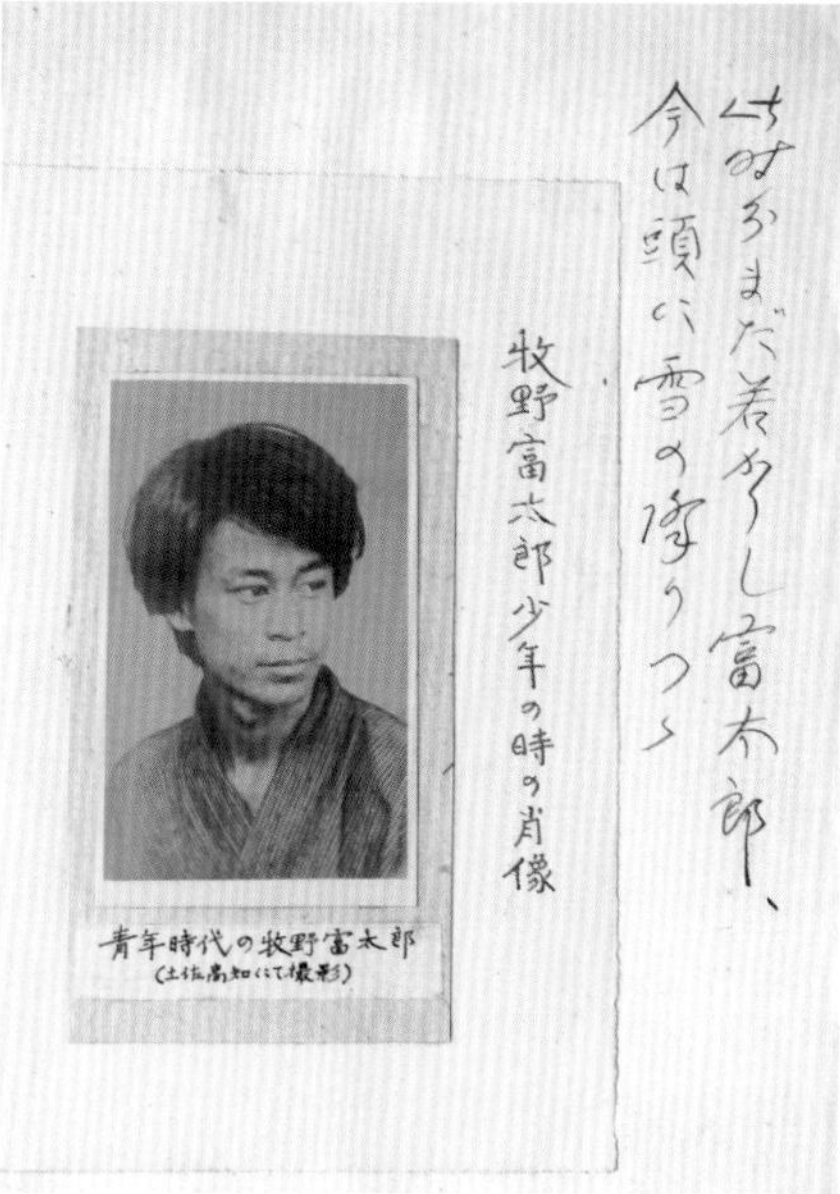

20歳の頃の牧野富太郎　個人蔵

おそらく晩年のことであろう、牧野は植物採集の時に撮影した写真をはじめとする思い出の詰まったたくさんの写真を整理したようである。このように台紙に貼り付け、撮影年・場所・ともに写る人々の名前を傍らに書き込んだ写真が多く残されている。この写真には、かつてはまだ若かった富太郎も「今は頭に雪の降りつつ」という感慨が書き入れられている。(T)

初めての上京

初上京したのは、明治14年（１８８１）、牧野が19歳のときである。東京に行くことは、まるで外国に行くようであったと自叙伝にあるが、見送る側も見送られる側もお祭り騒ぎであったと想像される。高知を発って東京までは船、汽車、歩き、また船、そして汽車でようやく着いた。

東京の宿泊場所は神田・猿楽町であった。そこから「富士の秀峰を見て感嘆した」と自叙伝で回想しているが、この姿は牧野にとって一生忘れられない景色になったにちがいない。というのは、牧野が晩年、自分の部屋の襖に富士山を描いてもらったという話をご家族から伺ったことがあり、また牧野の戒名には「富嶽」の文字があるからである。

牧野は滞在中、当時開催されていた第二回内国勧業博覧会を見たり、書籍や顕微鏡を購入したりした。この博覧会には、牧野の郷里佐川村からワカキノサクラ（稚木の桜）とイッサイトウ（一歳桃）が出品され、褒状を授与された。友人の堀見熙助《てるすけ》（１８５８〜１９２３）が出品に携わっている。こうした出品すべき植物を選択するにあたり牧野が関係したかもしれない。

ワカキノサクラは、牧野にとって思い出深いサクラであり、晩年庭に高知から取り寄せ植えた。このサクラを愛でて望郷の念を一層強くしたことであろう。代替わりしているが練馬区立牧野記念庭園にあるワカキノサクラは、一見すると頼りなげであるが、毎年かわいい花を咲かせている。(T)

恐縮ですが
切手をお貼り
ください

郵便はがき

170-0011

東京都豊島区池袋本町3－31－15

(株)東京美術　出版事業部　行

毎月10名様に抽選で
東京美術の本をプレゼント

この度は、弊社の本をお買上げいただきましてありがとうございます。今後の出版物の参考資料とさせていただきますので、裏面にご記入の上、ご返送願い上げます。
なお、下記からご希望の本を一冊選び、○でかこんでください。当選者の発表は、発送をもってかえさせていただきます。

もっと知りたい葛飾北斎［改訂版］
もっと知りたい上村松園
もっと知りたいミレー
もっと知りたいカラヴァッジョ
もっと知りたい興福寺の仏たち

すぐわかる日本の美術［改訂版］
すぐわかる西洋の美術
すぐわかる画家別 西洋絵画の見かた［改訂版］
すぐわかる作家別 写真の見かた
すぐわかる作家別 ルネサンスの美術
すぐわかる日本の装身具

てのひら手帖【図解】日本の刀剣
てのひら手帖【図解】日本の仏像
演目別 歌舞伎の衣裳 鑑賞入門
吉田博画文集
ブリューゲルとネーデルラント絵画の変革者たち
オットー・ワーグナー建築作品集
ミュシャ スラヴ作品集
カール・ラーション
フィンランド・デザインの原点
かわいい琳派
かわいい浮世絵
かわいい印象派

お買上げの本のタイトル（必ずご記入ください）

フリガナ
お名前　　　　**年齢**　　　歳（男・女）

ご職業

ご住所
〒　　　　　　　　（TEL　　　　　　　）

e-mail

●この本をどこでお買上げになりましたか？
書店／　　　　　　　　美術館・博物館
その他（　　　　　　　　）

●最近購入された美術書をお教え下さい。

●今後どのような書籍が欲しいですか？　弊社へのメッセージ等もお書き願います。

●記載していただいたご住所・メールアドレスに、今後、新刊情報などのご案内を差し上げてよろしいですか？　□ はい　□ いいえ

※お預かりした個人情報は新刊案内や当選本の送呈に利用させていただきます。原則として、ご本人の承諾なしに、上記目的以外に個人情報を利用または第三者に提供する事はいたしません。ただし、弊社は個人情報を取扱う業務の一部または全てを外部委託することがあります。なお、上記の記入欄には必ずしも全て答えて頂く必要はありませんが、「お名前」と「住所」は新刊案内や当選本の送呈に必要なので記入漏れがある場合、送呈することが出来ません。

個人情報管理責任者：弊社個人情報保護管理者

※個人情報の取扱に関するお問い合わせ及び情報の修正、削除等は下記までご連絡ください。

東京美術出版事業部　電話 03-5391-9031　受付時間：午前 10 時～午後 5 時まで（土日、祝日を除く）

《上野公園内国勧業第二博覧会美術館并猩々噴水器之図》

3代歌川広重　明治14年(1881)　国立国会図書館

明治政府は、欧米諸国と肩を並べられるような国にするために富国強兵・殖産興業というスローガンを掲げ、国内の物産の開発および産業の発展を促進する必要があった。その一環として、明治10年（1877）に東京・上野で第一回内国勧業博覧会が開催され、4年後に同じ場所で第二回目が開かれた。(T)

牧野が購入した顕微鏡　個人蔵

練馬区立牧野記念庭園の記念館内の常設展示室には、牧野が初上京の際に買い求めたとされる顕微鏡が展示されている。ドイツ製と伝えられてきたが、本体に製造会社名などの表記がない。最近、新たな情報によりフランス製ではないかと目されている。エレガントな姿が印象的なこの顕微鏡を牧野が購入した経緯や価格などは謎であり、今後の解明が待たれる。(T)

上京までのルート

佐川 ………… 高知 …………… 神戸 …………… 京都 …………… 四日市 ……… 横浜 ……… 新橋

土佐幡多郡での採集旅行

東京から戻った牧野は、土佐つまり高知県で採集調査を行い、この地域にどんな植物があるか、その植物相を明らかにしようと心に決めた。幡多郡での調査旅行もそのひとつである。

「土佐幡多郡采収草木図帖」という植物の図を収めた包みがある。それにはハマセンダンやリンボクなどの図が含まれる。他に、明治14年（1881）9月に幡多郡でスケッチしたハカマカズラの図なども現存する。これらは墨の線で繊細に描かれ、花のつくりなどは細密に図示している。陰影のない分、平面的な感はあるが、例えばハカマセンダンの葉には動きがあって、ありのままを写すという自然さが見られ、すでに植物を巧みに描く技を身につけていたことがわかる。

これらの図に関連する資料として『幡多郡採集草木図解説』がある。タイトルにあるように本資料は、図に対応する解説編で、日程ごとに観察・採集した場所や植物名などが記された記録である。こうした資料から、牧野が明治14年9月から10月にかけて高知県南西部にあたる幡多郡で植物の調査を行ったことが明らかとなった。

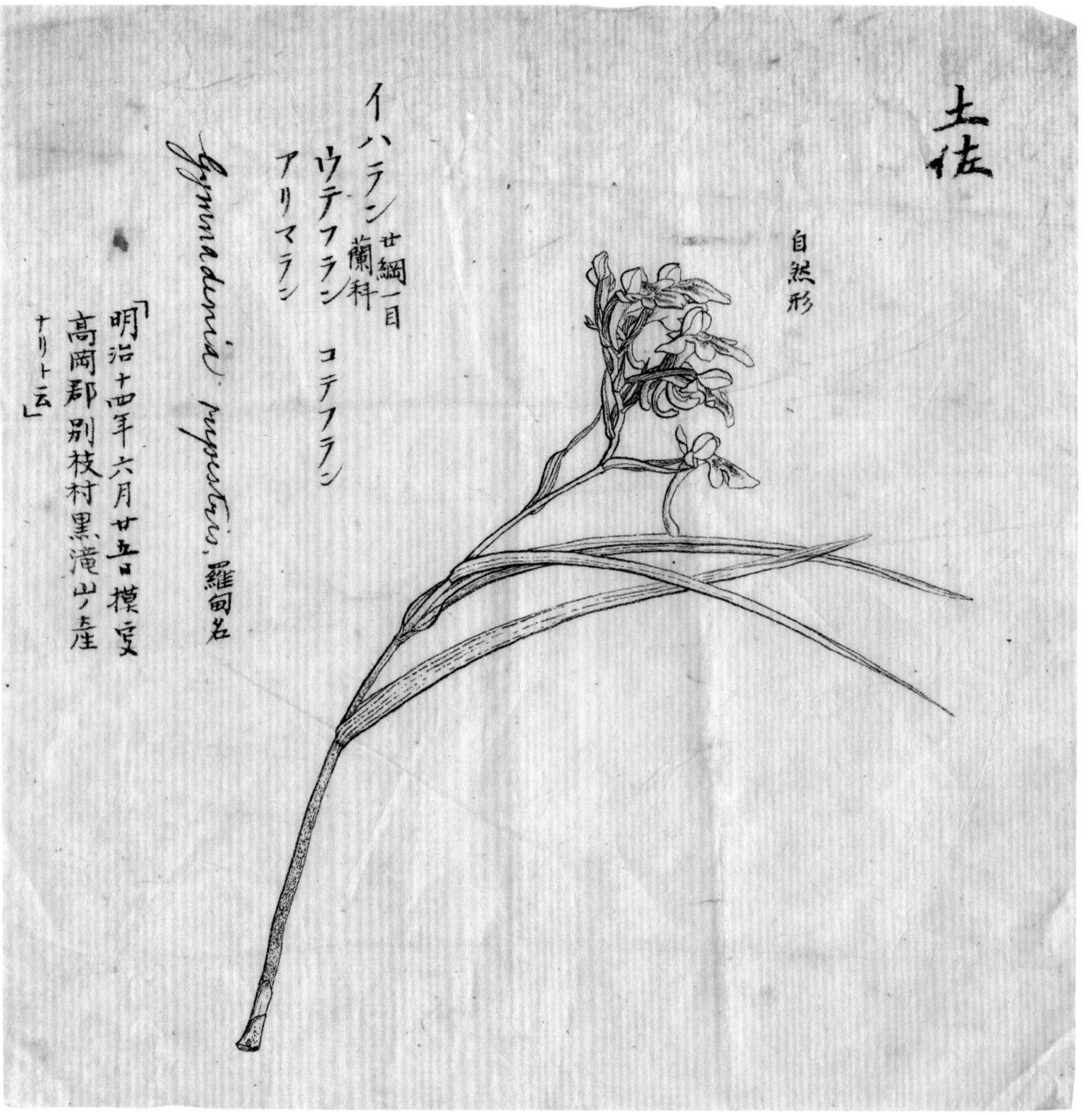

《ウチョウラン》

明治14年（1881） 個人蔵

ウチョウランは、切り立った崖などに生えるラン科の多年草。ピンク色の愛らしい花を咲かせることから、観賞目的の乱獲により現在では非常に少なくなっている。牧野はウチョウランを明治14年（1881）6月に高知県高岡郡黒滝山産のものをスケッチした。牧野はこの植物の名をイワランとし、別名としてウチョウラン、コチョウラン、アリマランの名を挙げている。（I）

牧野は、ウチョウランの図のように、佐川周辺の横倉山や黒滝山などでも採集を行ったが、野生のものだけでなく、栽培された植物にも興味をもっていたことはトガリスモモの図の存在からもわかる。(T)

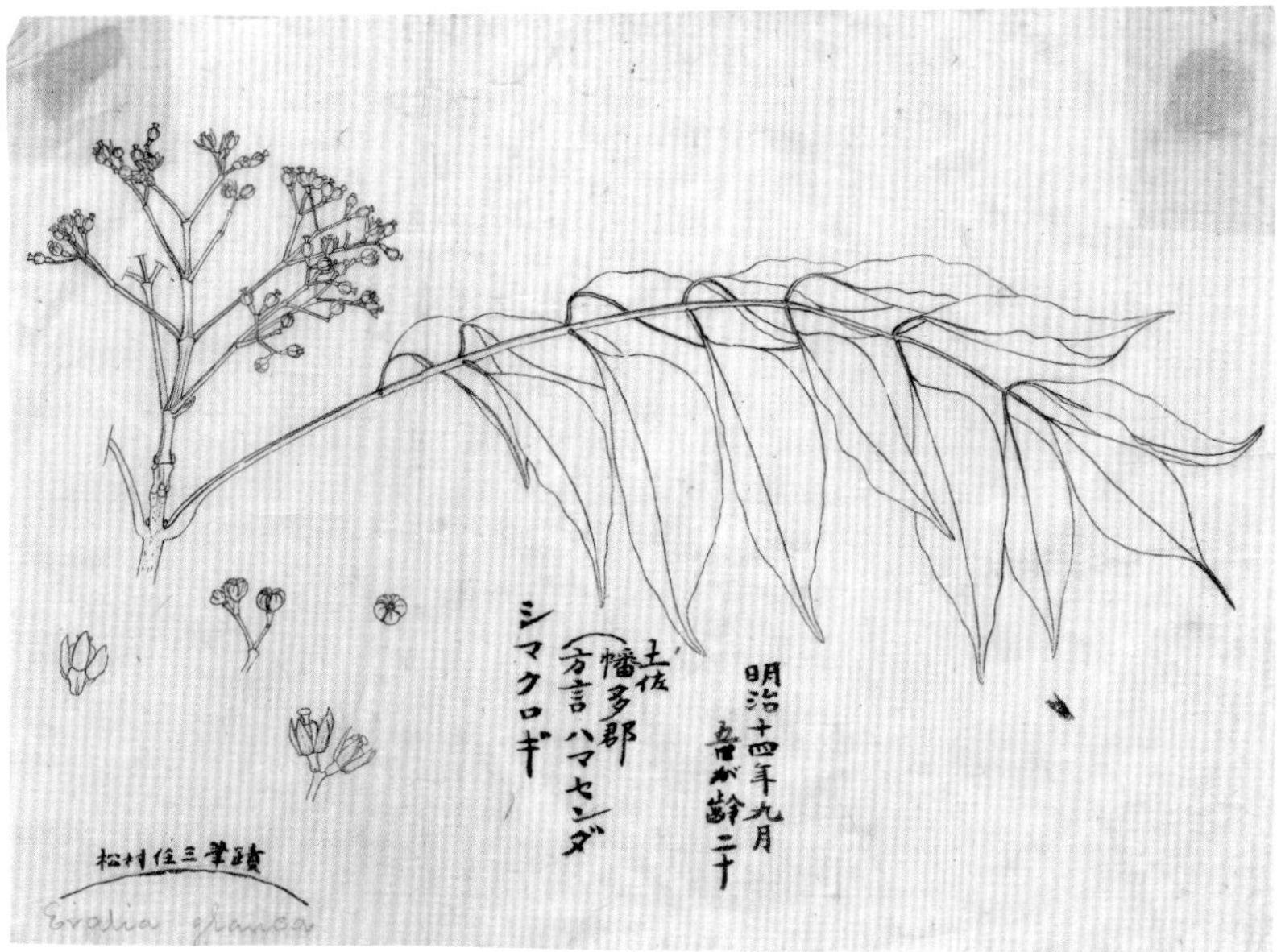

《ハマセンダン(シマクロギ)》
明治14年(1881)　個人蔵

ハマセンダンは、暖かい地方の常緑樹林に生えるミカン科の落葉高木。雌雄異株で、牧野が描いたのは雌株である。牧野はこの植物名を「シマクロギ」とし、方言名として「ハマセンダン」を挙げている。絵の左下には「松村任三筆蹟」として「Euodia glauca」の学名が記されている。牧野の2回目の上京時（明治17年〈1884〉）に松村任三（当時は東京大学助教授）にこの絵を見せて同定結果を書いてもらったのかもしれない。(I)

《トガリスモモ》
明治14年(1881)　個人蔵

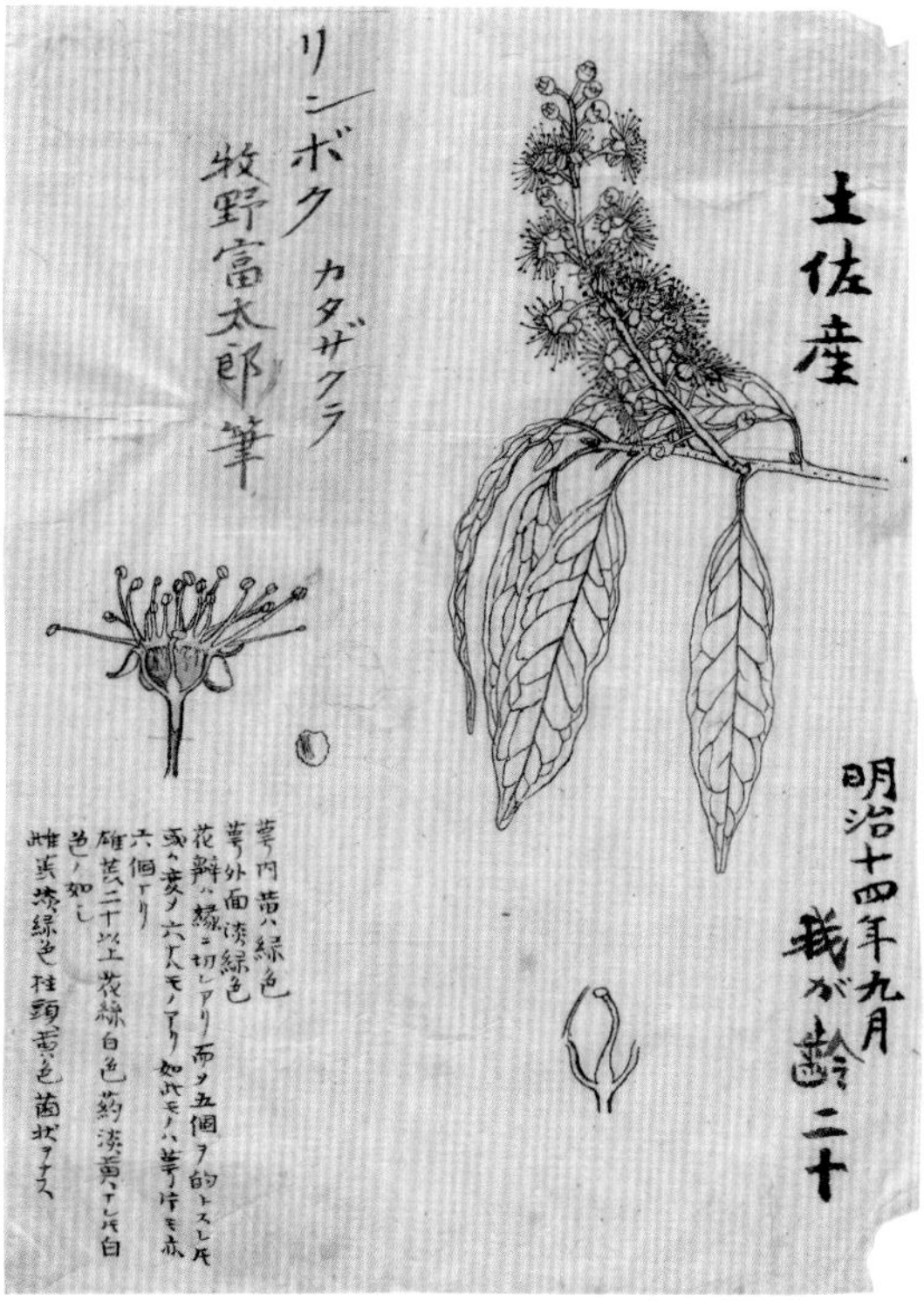

《リンボク》
明治14年(1881)　個人蔵

リンボクは、関東以西のやや湿った谷などに生えるバラ科の常緑小高木。葉は狭長楕円形で、若い木につく葉は周辺に鋭い刺状の鋸歯をもつが、老木につく葉には鋸歯がない。サクラの仲間だが、多数の花をつけた花《か》序《じょ》を出す。絵は明治14年（1881）9月に描かれた。牧野は花の断面図の拡大を描き、花の各部についてその数や色について詳しくメモをつけるとともに、花の内部に色をつけている。(I)

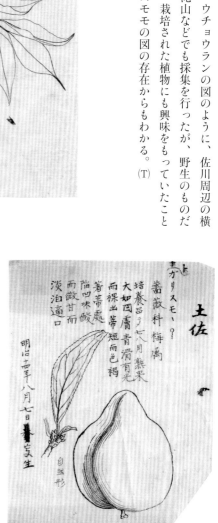

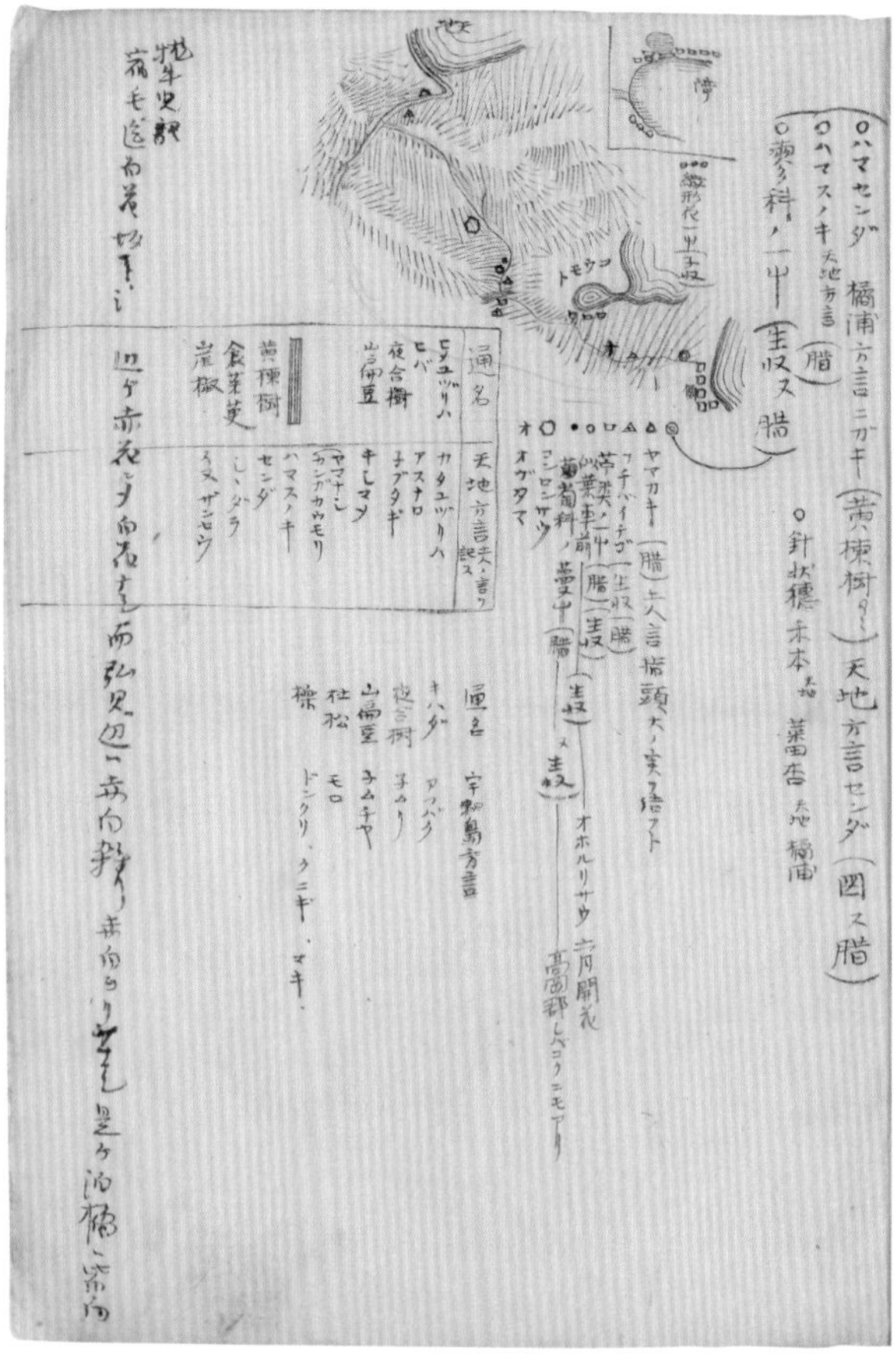

『幡多郡採集草木図解説』
明治14年（1881）　高知県立牧野植物園

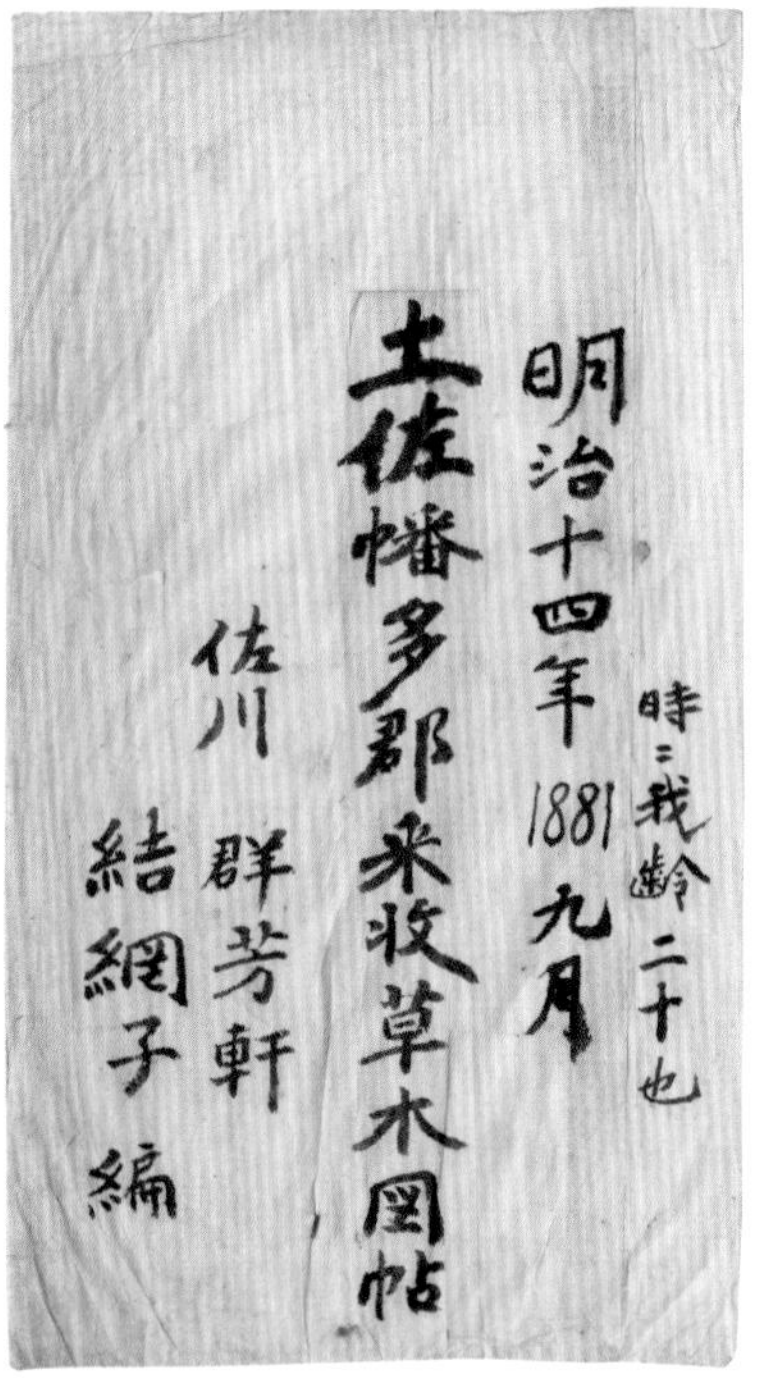

「土佐幡多郡采収草木図帖」
表紙　明治14年（1881）　個人蔵

《ハカマカズラ》
明治14年（1881）　高知県立牧野植物園

ハカマカズラは、本州（紀伊半島）、四国（高知県）、九州・沖縄の海岸近くに生育するマメ科のつる性木本。葉は卵形で、基部は円心形、先は2裂する。花は多数を総状につけ、果実期には長さ4cm〜8cmの豆果をつける。牧野はハカマカズラを高知県西部の太平洋上に浮かぶ沖の島で明治14年（1881）9月に採集し、スケッチを行った。果実期の植物体と3枚の本葉をつけた幼植物の姿を描写している。（I）

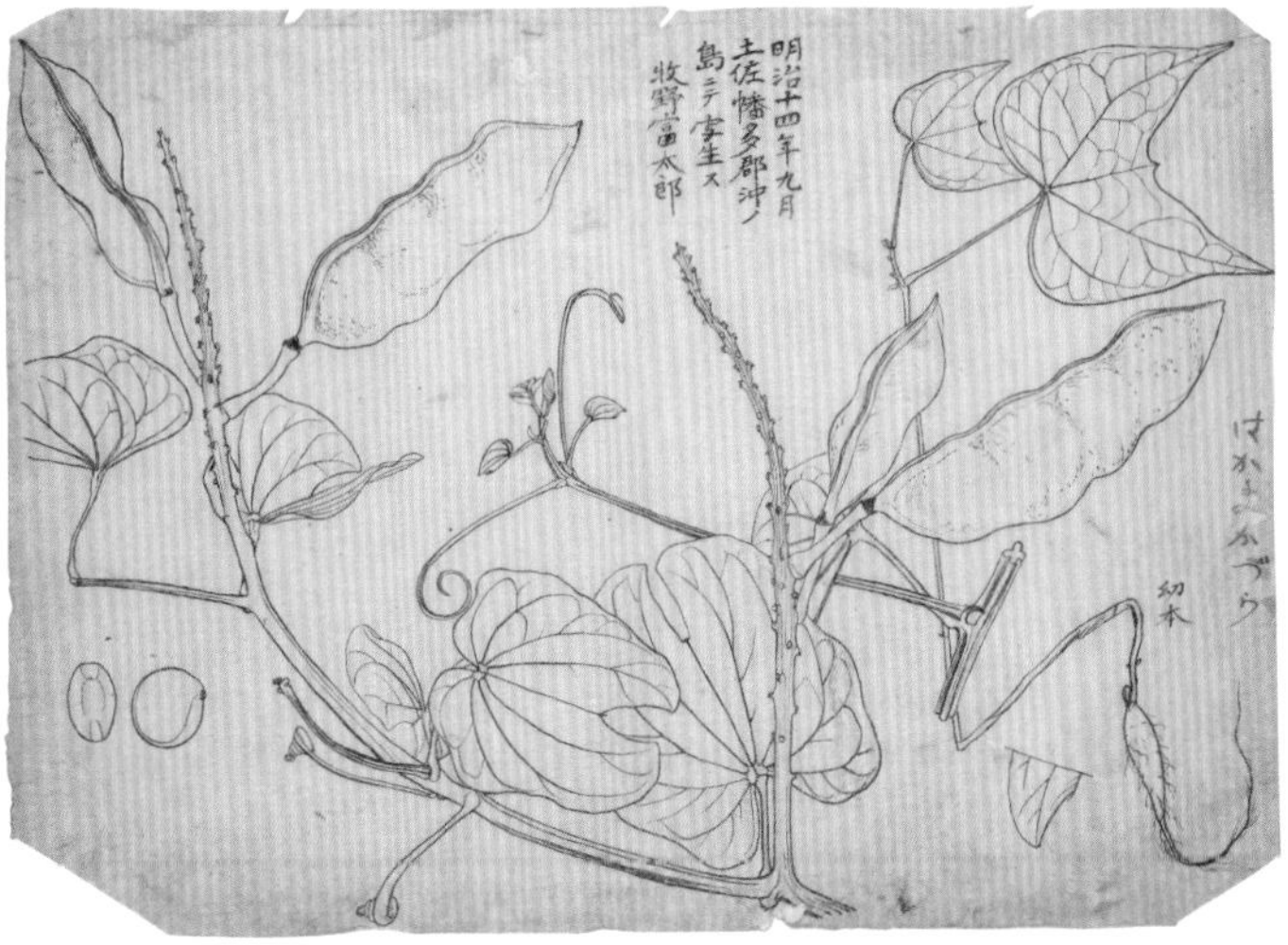

Column

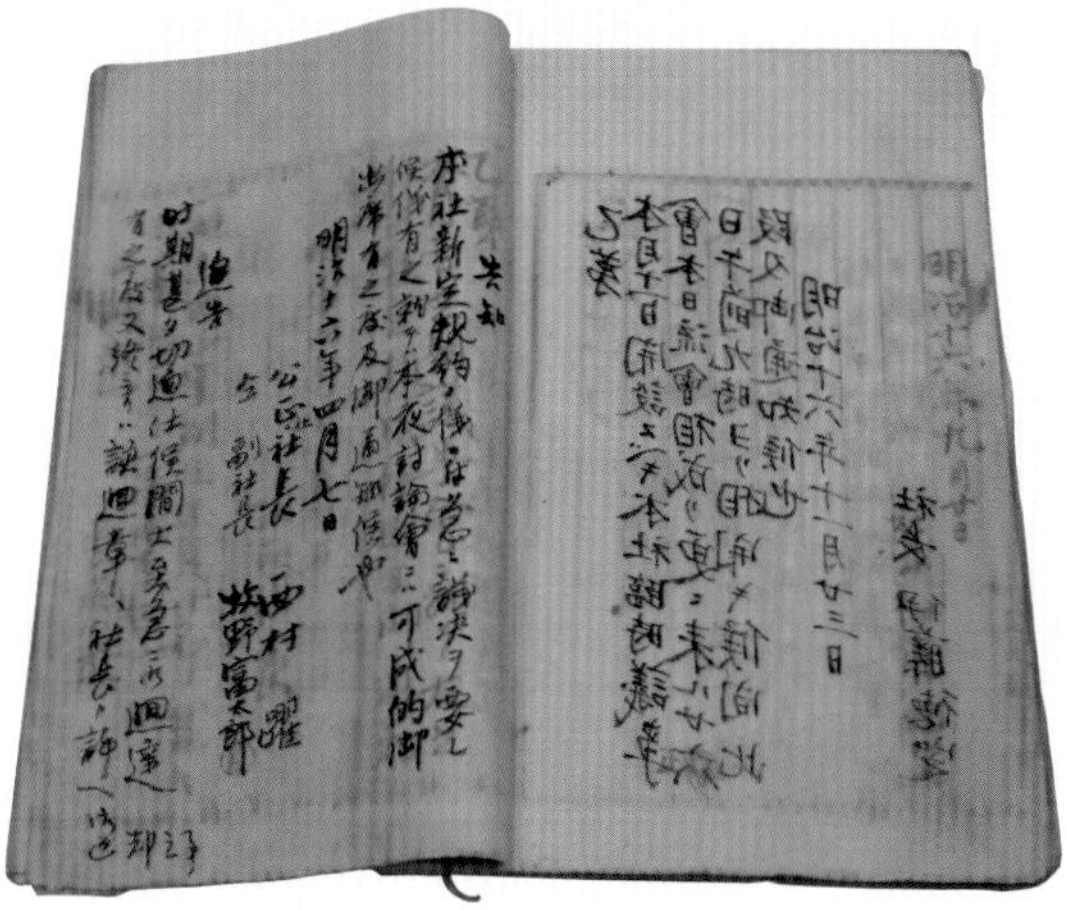

『廻章集』明治16年(1883)　高知県立牧野植物園

当時佐川町には「公正社」という結社があり、21歳の牧野も副社長として参加していた。明治16年の回覧文に牧野の名前が記されている。

牧野と自由民権運動

高知県は、明治10年代前半、板垣退助の活躍で自由民権運動が盛んであった。佐川村もみな自由党員であり、牧野も熱心な党員のひとりであった。政治に関する書物も読み、村で開かれる自由党の懇親会にも参加したが、後に政治に身を投ずる訳ではなく、学問で身を立て国に報いたいという考えから脱退することにした。そのとき芝居がかりで脱退を行ったと自叙伝に記述がある。それによれば「紺屋に頼んで旗を作り、魑魅魍魎《ちみもうりょう》が火に焼かれて逃げて行く絵を書いてもら」い、会場にその旗を巻いて入り、弁士たちが熱弁をふるう最中、「旗をさっと差出し、脱退の意を表し、大声で歌をうたいながら会場を脱出した」とある。その旗は今でもどこかに保存されている筈であるというが、それが見つかったらおもしろい。

また牧野は、ほぼ並行した時期と思われるが、勉学を志す若者の集まりで「公正社」という結社にも参加した。これは、学問を奨励し夜学や演説会を行ってそのための手段を講ずる活動であった。牧野にとってこうした活動に参加したことは、人間には自由で平等であるという基本的な権利があることを学び、学問をするについても自由と平等が尊重され、圧制に屈するべきではないという大原則を信条とするにいたるよい機会になったことであろう。(T)

2章

二度目の上京から大学助手になるまで

22歳 明治17年（1884）

▼

33歳 明治28年（1895）

明治17年（1884）に、牧野は東京に向かった。二度目の上京である。それまで植物を採集して標本をつくったり、その図を描いたり、あるいは科学のための講演会を開催したりしていたが、「佐川の山奥にいてはいけん」と思い東京行きを決めたのである。

自叙伝によれば、東京では大学の植物学教室に連れて行ってもらったという。大学とは、当時唯一の大学であった、現在の東京大学のことである。植物学教室では、教授の矢田部良吉、助教授の大久保三郎と松村任三に会うことができた。四国の山奥から非常に植物に熱心な人が来たということで教授たちに歓迎され、以後教室にて標本や本などを見てもよいということになった。

こうして、牧野は郷里と東京をいったり来たりしながら、植物の研究に勤しむことになる。

大学に出入りするようになると、教室の友人と『植物学雑誌』を刊行しようという話がもちあがり、教授の矢田部の了解のもと明治20年（1887）2月に創刊号を刊行した。その号で「日本産ひるむしろ属」というタイトルの論文を載せ、その後も次々と発表していった。

牧野の植物研究は、日本にどのような植物が、いくつぐらいあるのか、日本の植物相を明らかにすることを目標としたものであった。そこで土佐などで採集した植物についてその特徴を文章と図で表し、それらをもとに図説集を出版することを計画。郷

東京大学（法文理）正門および本館
（明治10年〈1877〉4月～明治18年〈1885〉9月）
小石川植物園提供

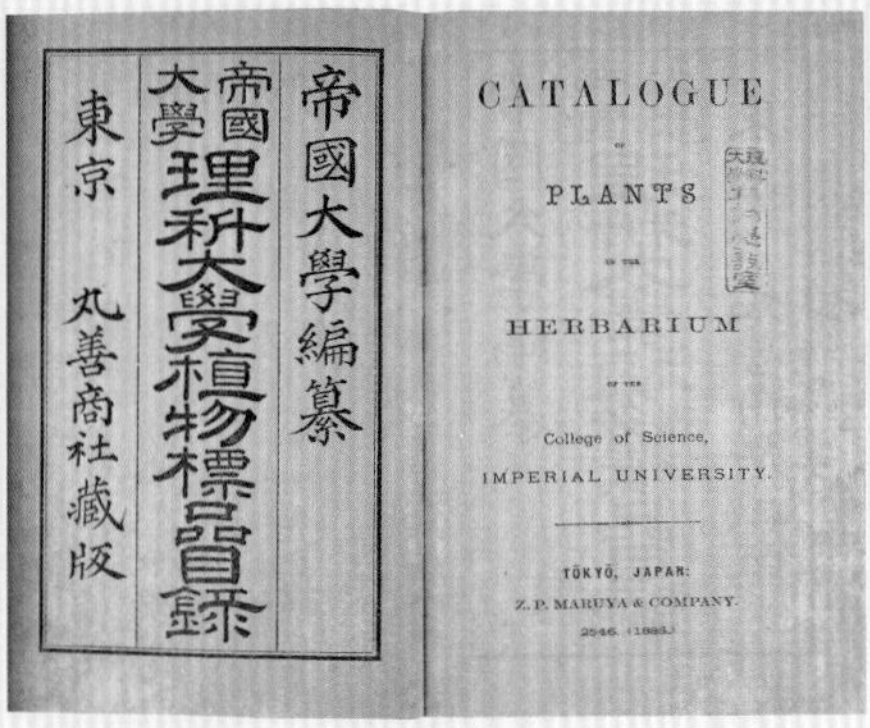

『帝国大学理科大学植物標品目録』
明治19年（1886） 小石川植物園
この編集の任にあたったのが松村任三で、監修者として序を寄せているのが矢田部良吉である。矢田部は、明治10年（1877）に創設された東京大学理学部の植物学教室の初代教授となり、アメリカ留学で学んだ西洋流の植物分類学を講義した。また、各地で採集した標本や書籍類など研究に必要なものを揃え大学の研究体制が確立するよう努めた。松村は矢田部の助手となって矢田部を支え、後に教授になり教室の発展に尽くした。(T)

里で出版するためには印刷術を自ら習得する必要があると考えた牧野は、神田・錦町の石版屋でその技術を習うこともしている。苦心の結晶である『日本植物志図篇』第1巻第1集は、明治21年（1888）11月に東京で出版され、その後第6集まで続く。

ところが明治23年（1890）、牧野は突然矢田部から教室の出入りをしてはならないと申し渡された。この出来事は、ムジナモを発見しその研究に専心しようとしていた牧野にとってまさに寝耳に水であった。矢田部に談判したが叶わず、いっそのこと、ロシアの植物学者マキシモヴィッチのところへ行って勉強しようとも考えたが、マキシモヴィッチが急死したとの知らせに望みは絶たれてしまった。

しかしここで協力してくる友人が現れた。池野成一郎である。池野ははじめから牧野に親切で、途方に暮れていた牧野に温かい手を差し伸べて駒場の農科大学（現東京大学農学部）で研究が続けられるように図ってくれた。こうしてなんとか『日本植物志図篇』第1巻第7集から第11集までも刊行することができたが、明治24年（1891）の終わりごろ郷里の家業が傾き、財産整理のため帰郷しなければならなくなった。

郷里に戻った牧野は、植物の採集に励む一方で、高知における西洋音楽の普及に力を入れ、高知西洋音楽会を組織したり、お寺を借りて音楽大会を催したりした。また、教授になっていた松村から大学に入るようにという手紙が来ると、牧野は家の整理がつき次第上京するのでよろしくと返信。明治26年（1893）1月に上京し、帝国大学の助手に任じられた。矢田部は明治24年に突然非職を命じられていたのであった。(T)

Profile

22歳	明治17年（1884）	二度目の上京。東京大学理学部植物学教室への出入りを許される。この年より明治26年までの期間、東京と故郷を度々往復し、土佐では採集と写生に励む。日本植物誌編纂の大志を抱く。
24歳	明治19年（1886）	コレラを避け箱根に滞在。芦ノ湖の水草を研究。石版技術を習う。
25歳	明治20年（1887）	市川延次郎、染谷徳五郎と『植物学雑誌』創刊。祖母の浪子病死。ロシアのマキシモヴィッチに標本を送る。
26歳	明治21年（1888）	壽衛子と東京・根岸に所帯をもつ。『日本植物志図篇』刊行を始める。
27歳	明治22年（1889）	『植物学雑誌』第3巻第23号に大久保三郎と日本で初めて新種ヤマトグサに学名をつける。佐川理学会発足。横倉山でコオロギラン発見。マキシモヴィッチに標本を送る。
28歳	明治23年（1890）	東京府小岩村でムジナモ発見（5月）。矢田部教授より植物学教室の出入りを禁止され、ロシアのマキシモヴィッチの元に赴こうとするが、翌年マキシモヴィッチの死去により断念。
29歳	明治24年（1891）	実家の家財整理をするため帰郷。高知県下の採集を行う。『日本植物志図篇』第1巻第11集で中断。
31歳	明治26年（1893）	帝国大学理科大学助手となる（9月）。月俸15円。

矢田部良吉（1851〜1899）
小石川植物園提供

松村任三（1856〜1928）
小石川植物園提供

大久保三郎（1857〜1914）
小石川植物園提供

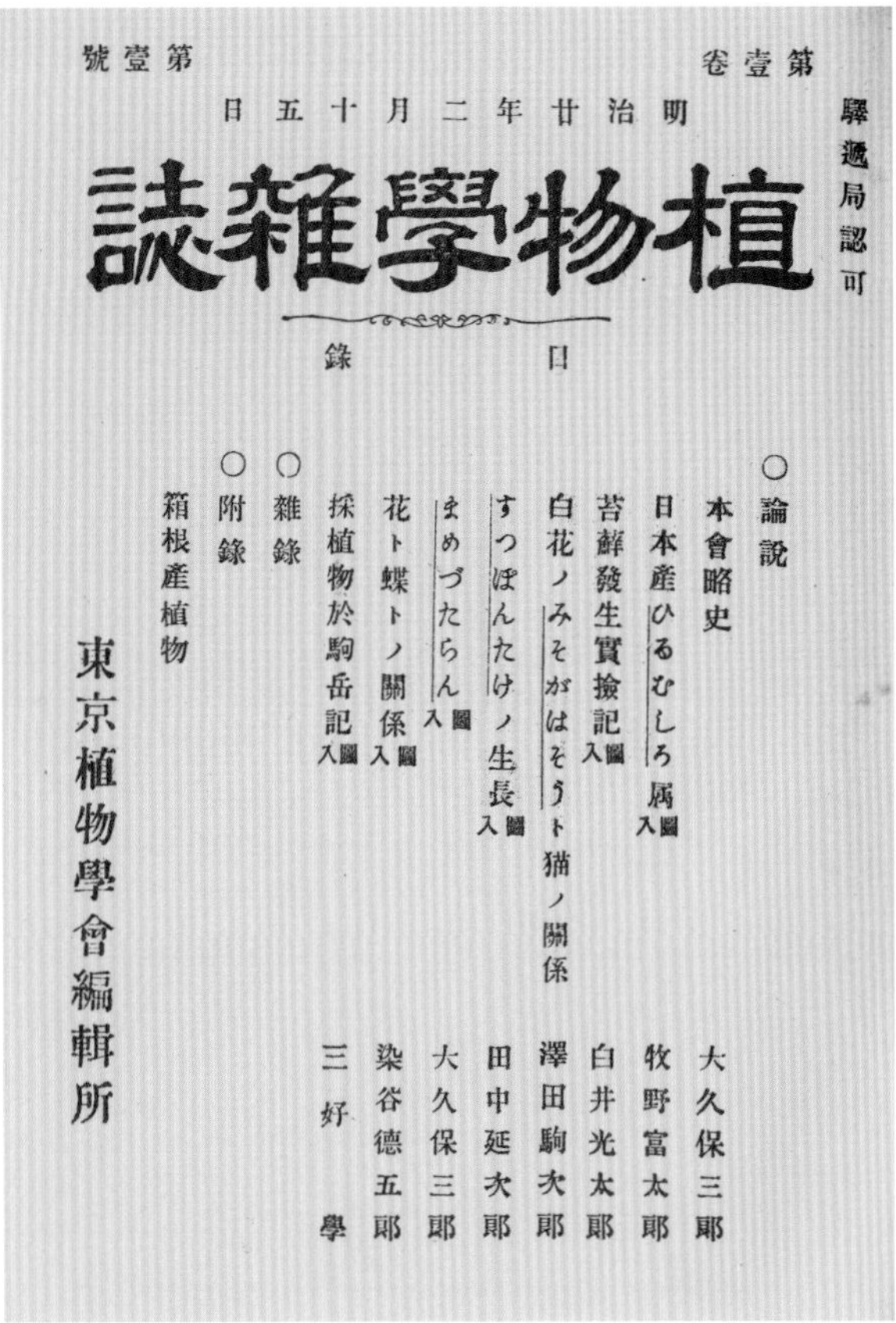
驛遞局認可

第壹巻　第壹號

明治廿年二月十五日

植物學雜誌

目録

○論説

本會略史　大久保三郎

日本産ひるむしろ屬圖入　牧野富太郎

苔蘚發生實驗記圖入　白井光太郎

白花ノみそがはそうト猫ノ關係　澤田駒次郎

すつぽんたけノ生長圖入　田中延次郎

まめづたらん圖入　大久保三郎

花ト蝶トノ關係圖入　染谷德五郎

採植物於駒岳記圖入　三好學

○雜録

○附録

箱根産植物

東京植物學會編輯所

『植物学雑誌』第1巻第1号
明治20年（1887）

牧野富太郎（20代）　個人蔵

友人と植物の専門雑誌を創刊する

『植物学雑誌』は、東京植物学会（現在の日本植物学会）の機関誌として明治20年（1887）に創刊されたものである。『植物学雑誌』は"Journal of Plant Research"と名前を変えながらも現在でも出版が続けられ、令和4年（2022）時点で135巻を数える国際誌となっている。しかし、その始まりは牧野と彼の友人による論文の持ち寄りによるものであった。

牧野と帝国大学理科大学（現在の東京大学理学部）植物学科選科生であった市川（後に田中）延次郎と染谷徳五郎の三人は、お互いに論文を持ち寄り、どこからか出版をしようと計画した。市川が指導教官の矢田部良吉にその話をしたところ、矢田部は明治15年（1882）に創立した東京植物学会に独自の機関誌がないことから、牧野らの論文を元に機関誌を発行しようと提案し、『植物学雑誌』が創刊されたのであった。

『植物学雑誌』の第1巻第1号は明治20年（1887）2月15日に発行され、8編の論説、雑記と続き、最後に箱根産の植物目録（一部）が添えてある。その中で牧野は「日本産ひるむしろ属」という論文を発表している。この頃牧野は将来の自分自身の図譜の出版のために石版印刷の技法を習得している最中で、この論文中のヒロハノエビモとササエビモの図は牧野が写生し石版印刷したものが使われている。（I）

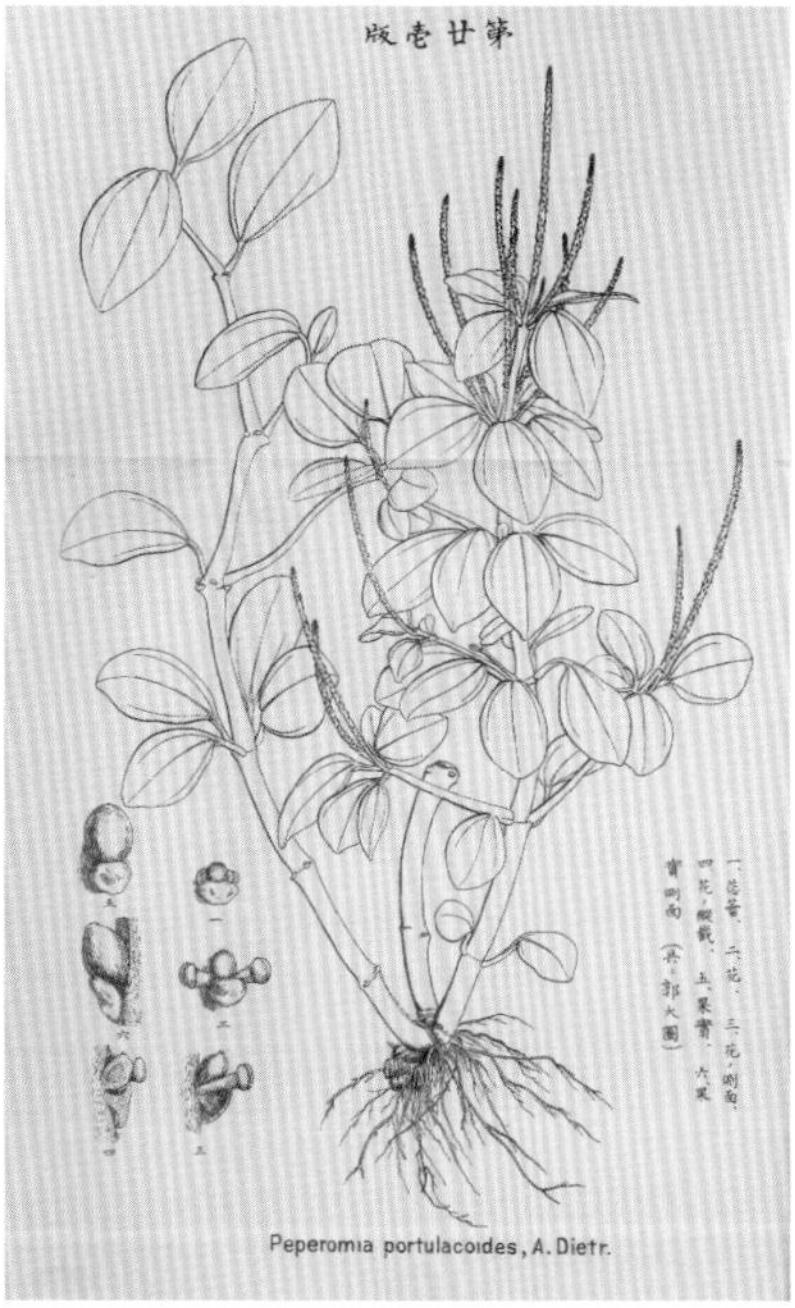

《サダソウ》

『植物学雑誌』第1巻第10号 明治20年(1887)

サダソウは、四国、九州、沖縄の海岸地帯に分布するコショウ科の多年草。牧野はサダソウを高知県戸島《へしま》で採集し、スケッチとともに紹介した。その際にはサダソウの学名を *Peperomia portulacoides* A. Dietr. に当てていたが、その後日本のものは別種と考え、明治34年(1901)の『植物学雑誌』第15巻第177号において、独立種 *Peperomia japonica* Makino として記載した。(I)

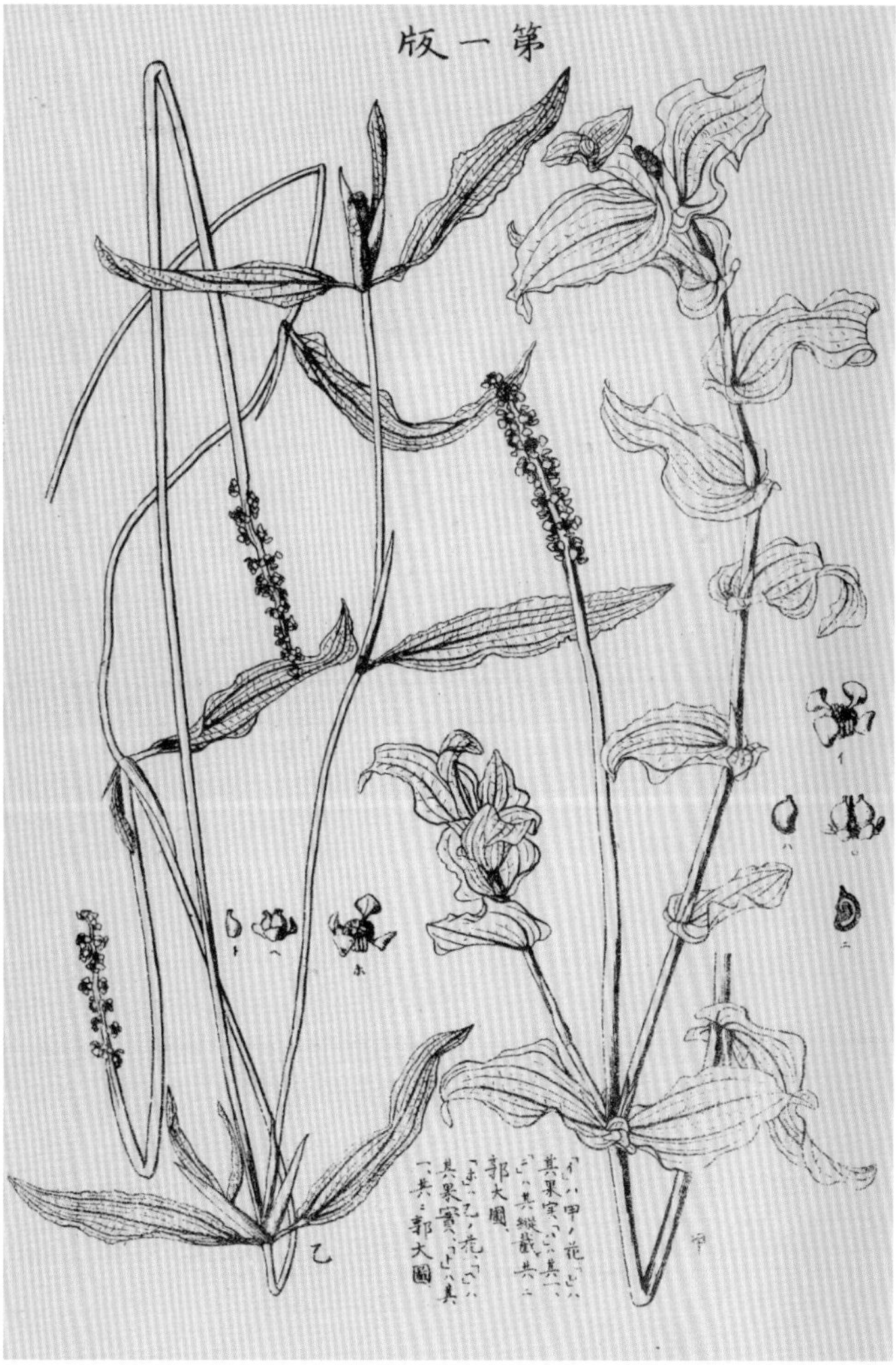

《ヒロハノエビモ》と《ササエビモ》

『植物学雑誌』第1巻第1号　明治20年(1887)

ヒルムシロ属植物は、全国の池や沼に生える水生植物。水の中の沈水葉と水面に浮く浮水葉をもつものがある。ヒルムシロの仲間は似た種類が多く、水中に生育することもあり、分類が難しいといわれている。牧野は当時知られていたヒルムシロ属植物について、その区別点と特徴を図とともに提示した。これが牧野の分類学者としてのキャリアのはじめとなる研究論文と考えられる。(I)

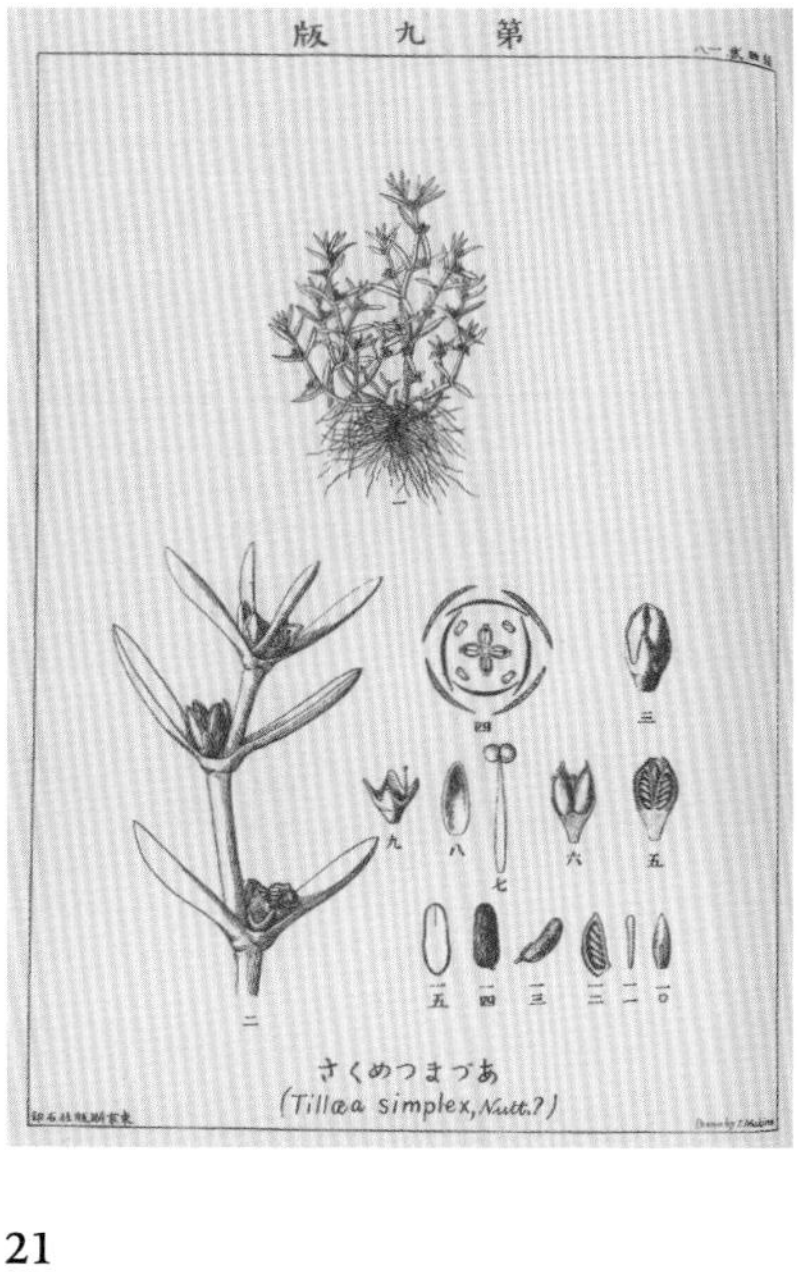

《アズマツメクサ》

『植物学雑誌』第2巻第18号 明治21年(1888)

アズマツメクサは北海道と本州、北半球の温帯域に分布する小形の一年草で、水田や海浜湿地に生える。牧野は明治21年(1888)6月に池野成一郎(当時帝国大学理科大学植物学科学生)とともに大箕谷《おおみや》八幡(現在の東京都杉並区)でアズマツメクサを採集し、早速スケッチとともに同年8月発行の『植物学雑誌』に報告している。和名は、日本では東京で最初に発見され、ナデシコ科のツメクサに似るところからつけられた。(I)

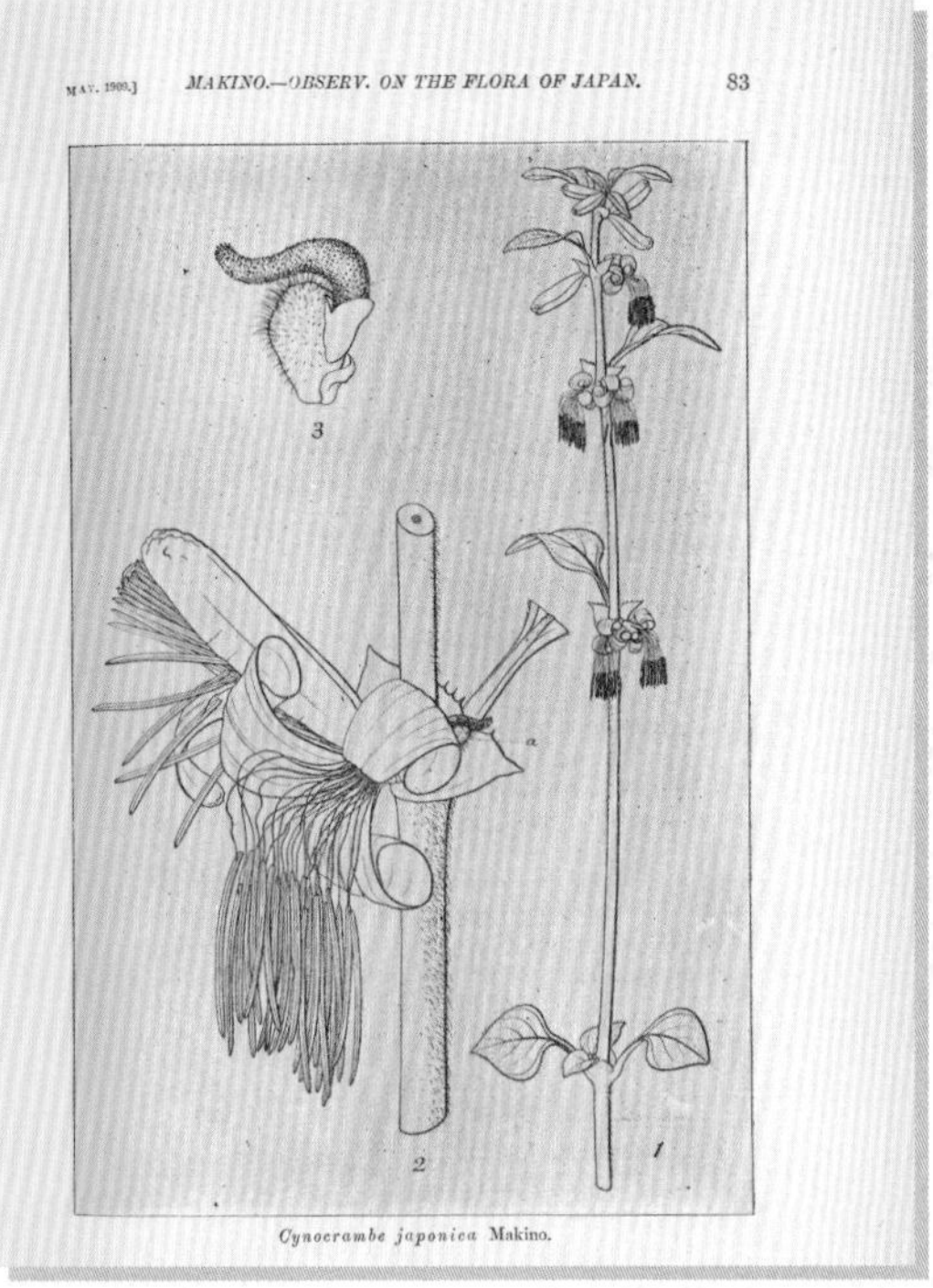

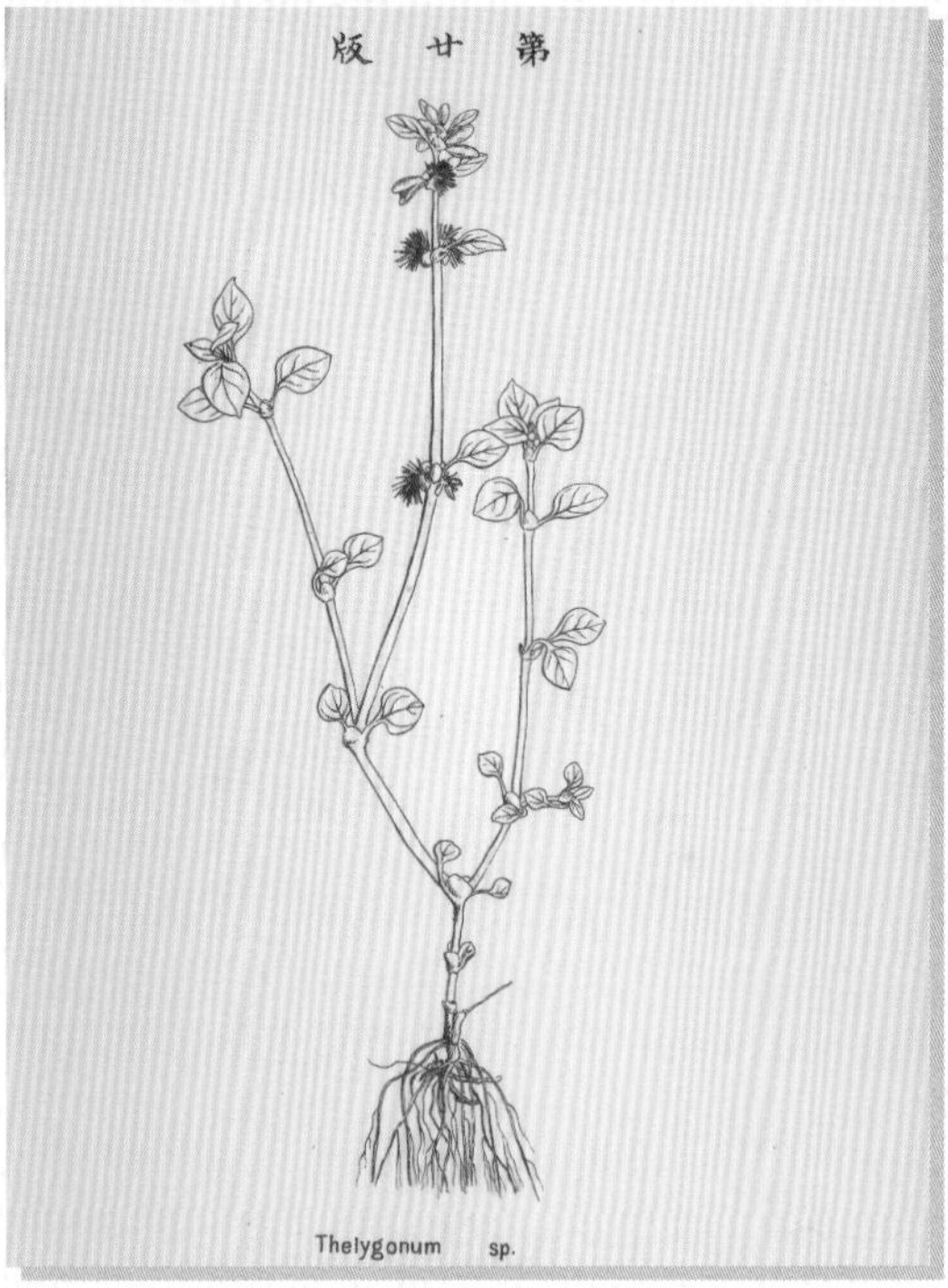

ヤマトグサ

[右]『植物学雑誌』第1巻第9号
明治20年（1887）
[左]『植物学雑誌』第23巻268号
明治42年（1909）

ヤマトグサは関東以西の本州から九州にかけて、林縁などに生育する小型の多年草。茎は高さ15cm～30cmで、葉腋に雄花と雌花をつける。雄花は反り返った外花被片《がいかひへん》（萼《がく》にあたる）と多数ぶら下がった雄しべが目立つ。ヤマトグサは以前はヤマトグサ科として独立した科と考えられていたが、最近の研究ではアカネ科に含められる。全体の姿や臭気がアカネ科のハシカグサに似ているのは単なる「他人のそら似」ではなかったようである。(I)

特集

ヤマトグサ

ヤマトグサは日本の固有種で、本州（関東以西）から九州にかけて生育する多年草である。薄暗い林の下に生える高さ30センチにも届かない頼りない草はしかし、「日本人が学名をつけた最初の植物」として有名である。

明治17年（1884）に牧野は土佐の名野川《なのがわ》村（現在の仁淀川《によどがわ》町）でヤマトグサを採集するが、不完全な標本であったためハシカグサとして放置していた。その後、同じところで採集された花をつけた標本を得、『植物学雑誌』第1巻第9号（1887）に「ゼリゴナム一種の発見」として、“*Thelygonum* sp.”の名で発表を行った。その後詳しく調べた結果、新種であることを確信し、『植物学雑誌』第3巻第23号（1889）誌上において大久保三郎とともに“*Thelygonum japonicum* Okubo et Makino”として記載発表を行った。

当時の日本の植物学は、日本にどのような種類がどこに生えているのかを明らかにする植物相（フロラ）調査が主であったが、日本国内には文献も標本も不十分であったことから、海外の著名な植物学者に標本を送り名前を決めてもらっていた。牧野もロシアのマキシモヴィッチに標本を送り同定をしてもらっており、ジョウロウホトトギス（*Tricyrtis macurantha* Maxim.）（25頁）

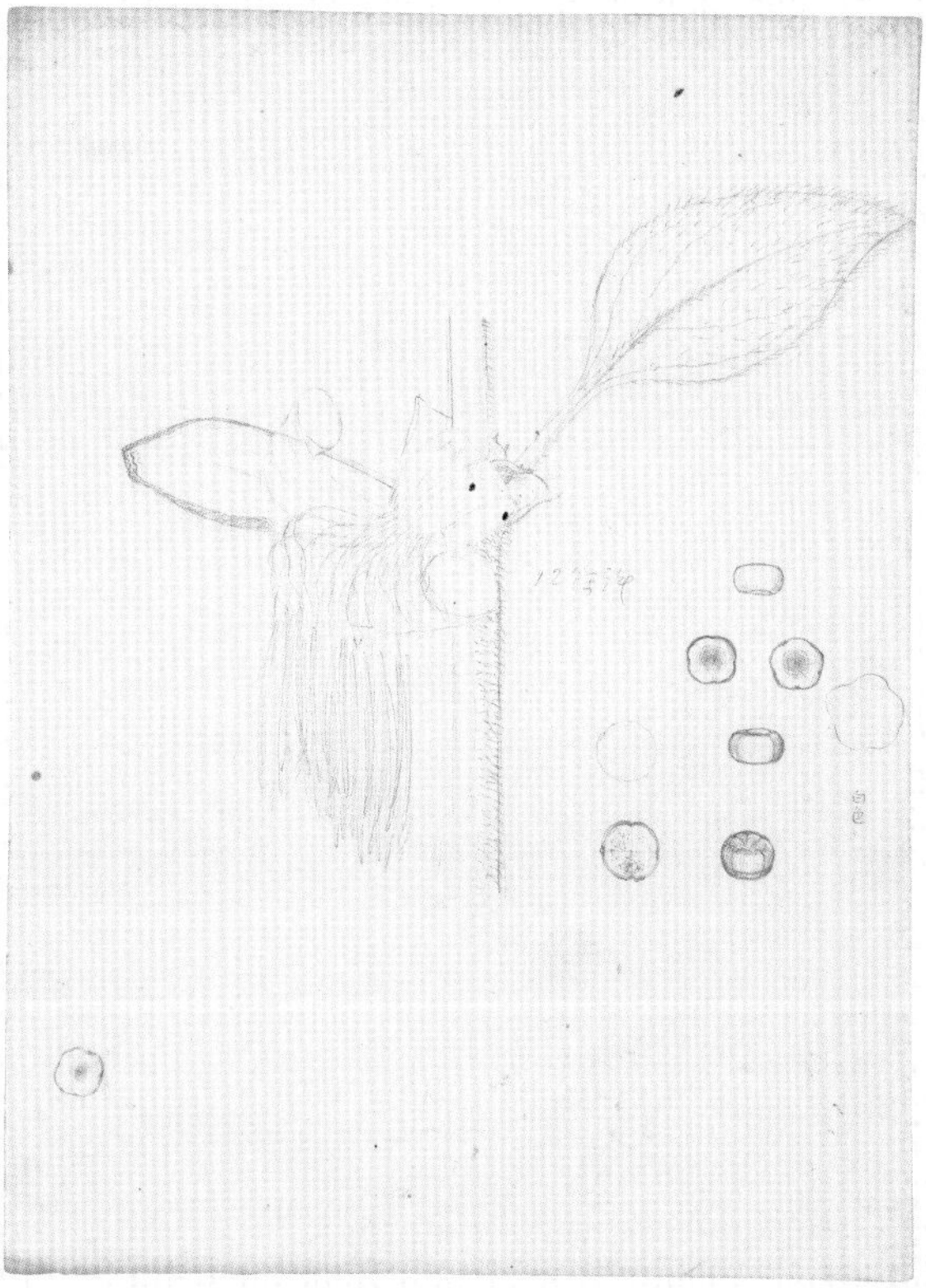

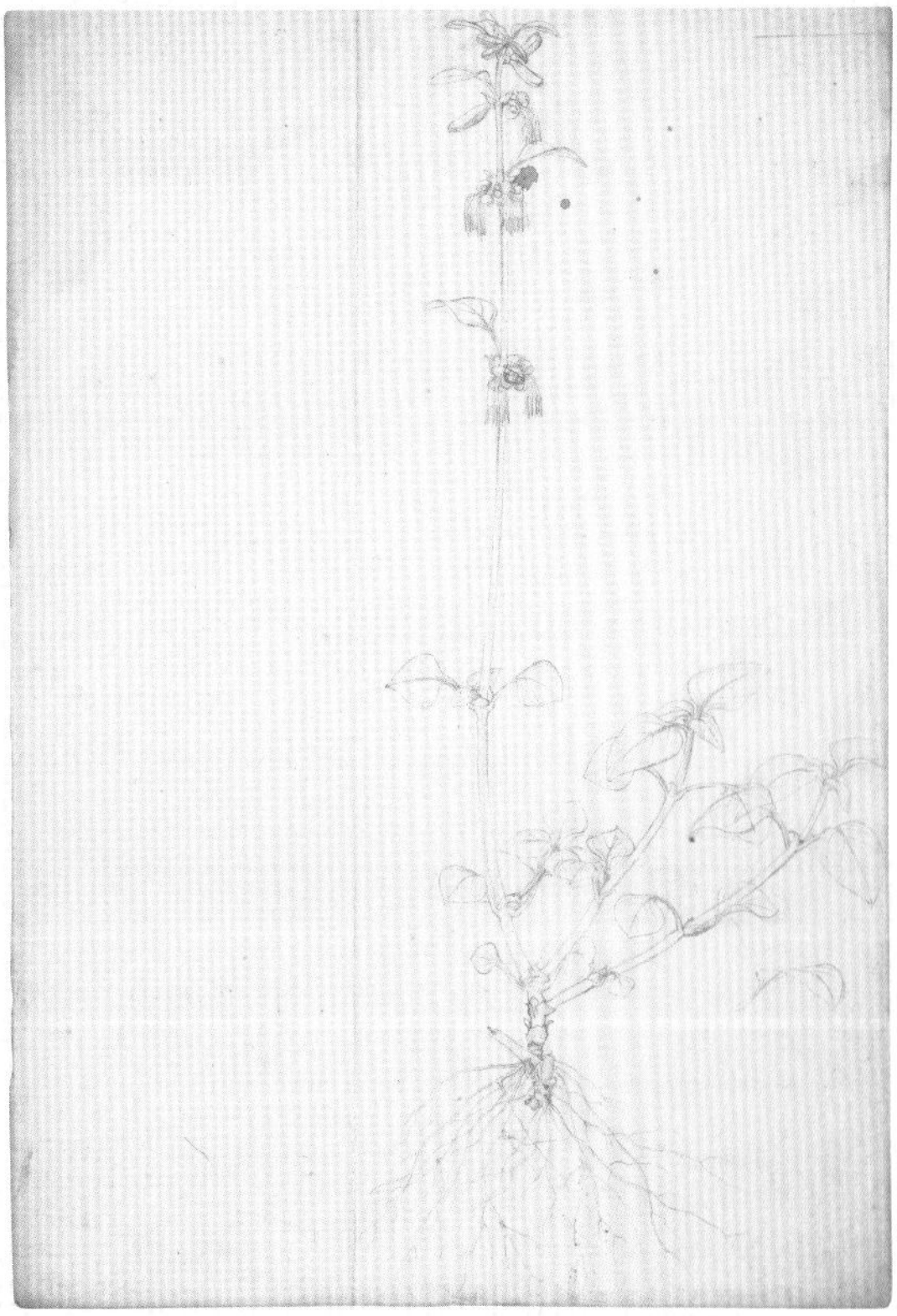

ヤマトグサ準備図

高知県立牧野植物園

牧野はヤマトグサのイラストを『植物学雑誌』上で2回発表している。1回目は第1巻（1887）で“*Thelygonum* sp.”として発表した時、2回目はヤマトグサを正式発表した後の第23巻（1909）誌上である。牧野植物園には、2回目の発表のために準備したと考えられる鉛筆書きのスケッチが5枚保管されている。全体図1枚と各部の拡大図4枚であるが、発表には全体図の一部と雄花・雌花の拡大図を組み合わせたものが用いられた。（I）

やマルバマンネングサ（*Sedum makinoi* Maxim.）などは、牧野が採集した標本をもとにマキシモヴィッチが学名を与えたものである。しかし、文献や標本が充実するに従い、日本人自身の手により学名を与えようとする機運が高まってきた。牧野（と大久保）によるヤマトグサの新種発表は、主に外国人の手により同定・記載されてきた日本の植物について、日本人自らが主体となって明らかにしようとすることに先鞭をつけるものであった。「ヤマトグサ（大和草）」という和名や“*japonicum*（日本の）”という学名にも牧野たちの気概が感じられる。

先にヤマトグサについて、「日本人が学名をつけた最初の植物」と書いたが、正確な言い方ではない。学名に名前が残るという点では、牧野以前にも明治19年（１８８６）にマキシモヴィッチによって発表されたトガクシソウ（*Podophyllum japonicum* T.Itô ex Maxim.）には伊藤篤太郎《いとうとくたろう》の名がある。また、明治8年（１８７５）に出版された『新訂草木図説』中のバショウ（*Musa basjoo* Siebold ex Y.Tanaka & Ono）に関する田中芳男と小野職愨《おのもとよし》、明治20年（１８８７）発行の『植物学雑誌』第1巻第1号のマメヅタラン *Bulbophyllym drymoglossum* Maxim. ex Okubo に関する大久保などは、本人が意図せずに学名の命名者となったものである。したがって正確に言えば、ヤマトグサは「日本人が自ら新種と認識し自ら記載発表した最初の植物」とすべきものである。とはいえ、ヤマトグサの発表が契機となり、その後牧野をはじめ、三好学、矢田部良吉、松村任三らによって日本の植物は日本人研究者により次々と新種発表が行われるようになる。牧野はその意味でも当時の日本の植物学の先端を走っていたと言えよう。（I）

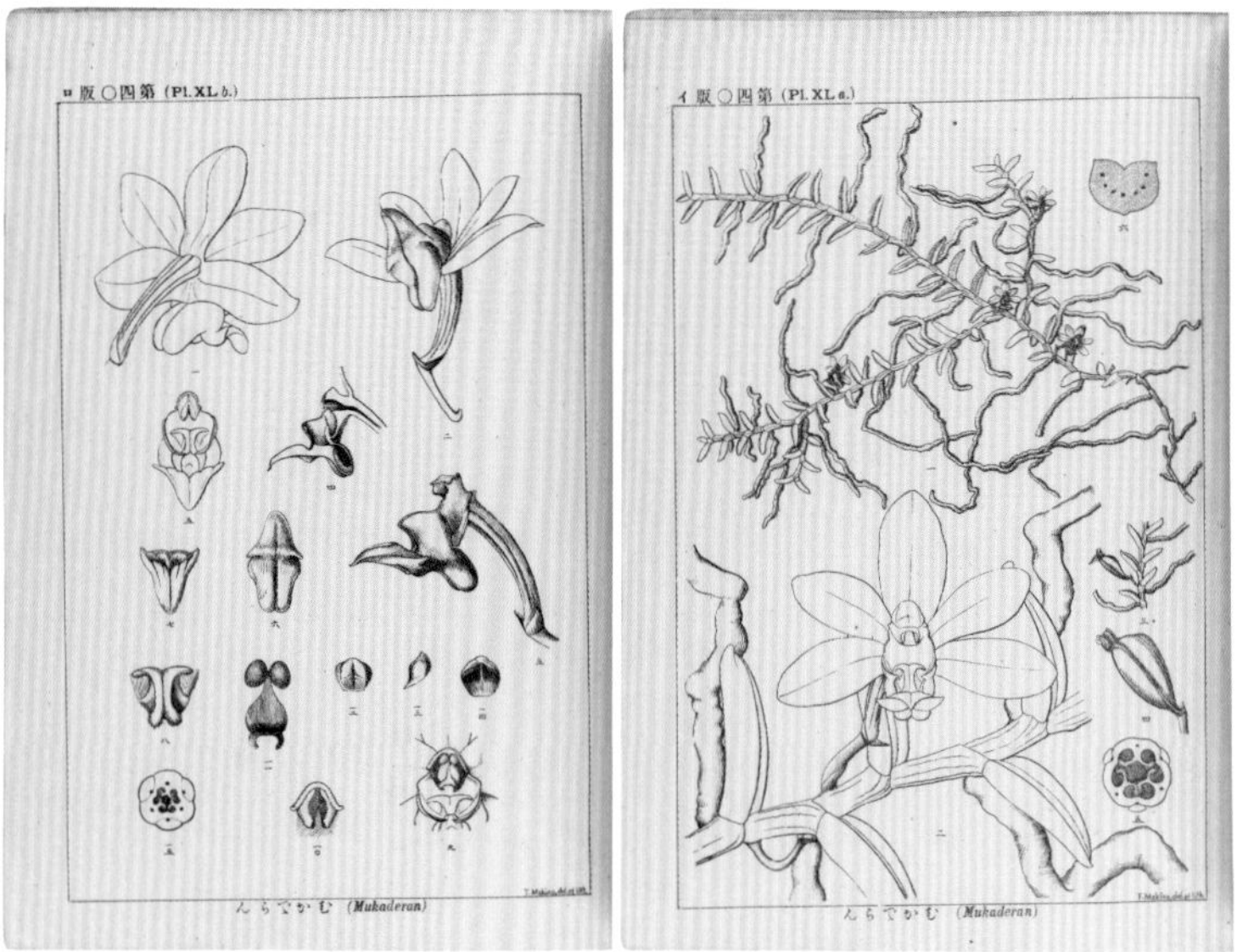

《ムカデラン》
『日本植物志図篇』第1巻第７集第40版（右：イ　左：ロ）
明治24年（1891）　高知県立牧野植物園

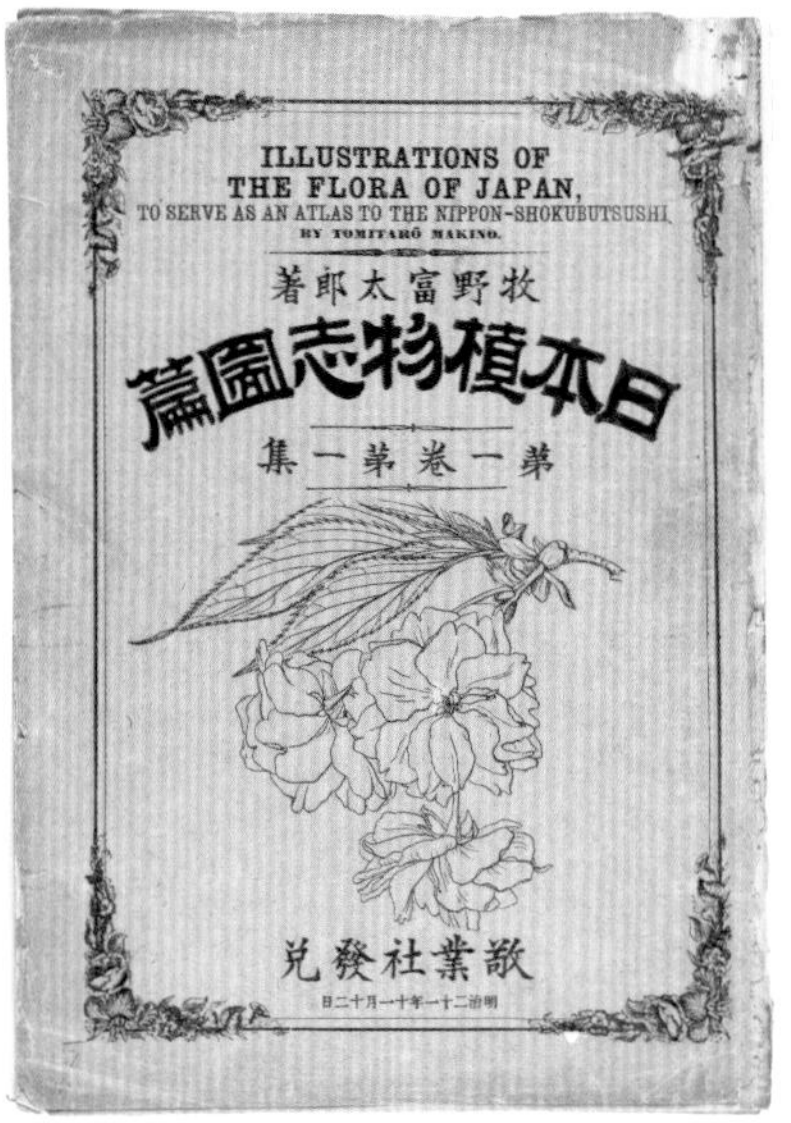

『日本植物志図篇』第1巻第1集
明治21年（1888）　高知県立牧野植物園

いよいよ日本植物誌の出版に挑む

『日本植物志図篇』は、明治21年（1888）から明治24年（1891）にかけて出版された、牧野富太郎の著書である。当初は図と解説からなる図説集の予定であったが、文章よりも図の方が理解しやすいと考え「図篇」を先に出版したと自叙伝で述べている。これが出た当初、大学の助教授であった松村任三は、『植物学雑誌』に書評の筆をとり、「画工に託すことなく自ら実物を見て精細に描き、分類学上必要な部分を解剖して明確に図示している」と牧野の図を高く評価した。

第7集から牧野は自分で学名を附し、記載文も書くようにした。その集の巻頭は、第40図版のムカデランであった。出版されたシリーズは第1巻第1集から第11集までであるが、牧野は第12集も準備していたという。しかしながら、急いで郷里に帰る用ができ、残念ながら中断したのであった。

第12集に収載されるはずであった印刷図が現存している。その一図が、矢田部良吉によって教室の出入りを差し止められた時期に研究していたムジナモである（26頁）。牧野は、これらの出版物をすべて自費で賄っている。そもそも郷里で印刷するために、技術の習得のみならず、石版印刷の機械を一台購入して送っている。日々の暮らしはもちろんであるが、研究のために諸々の費用がかさんだであろうし、このような事情も加わって、郷里の家業は困難な局面を迎えていた。（T）

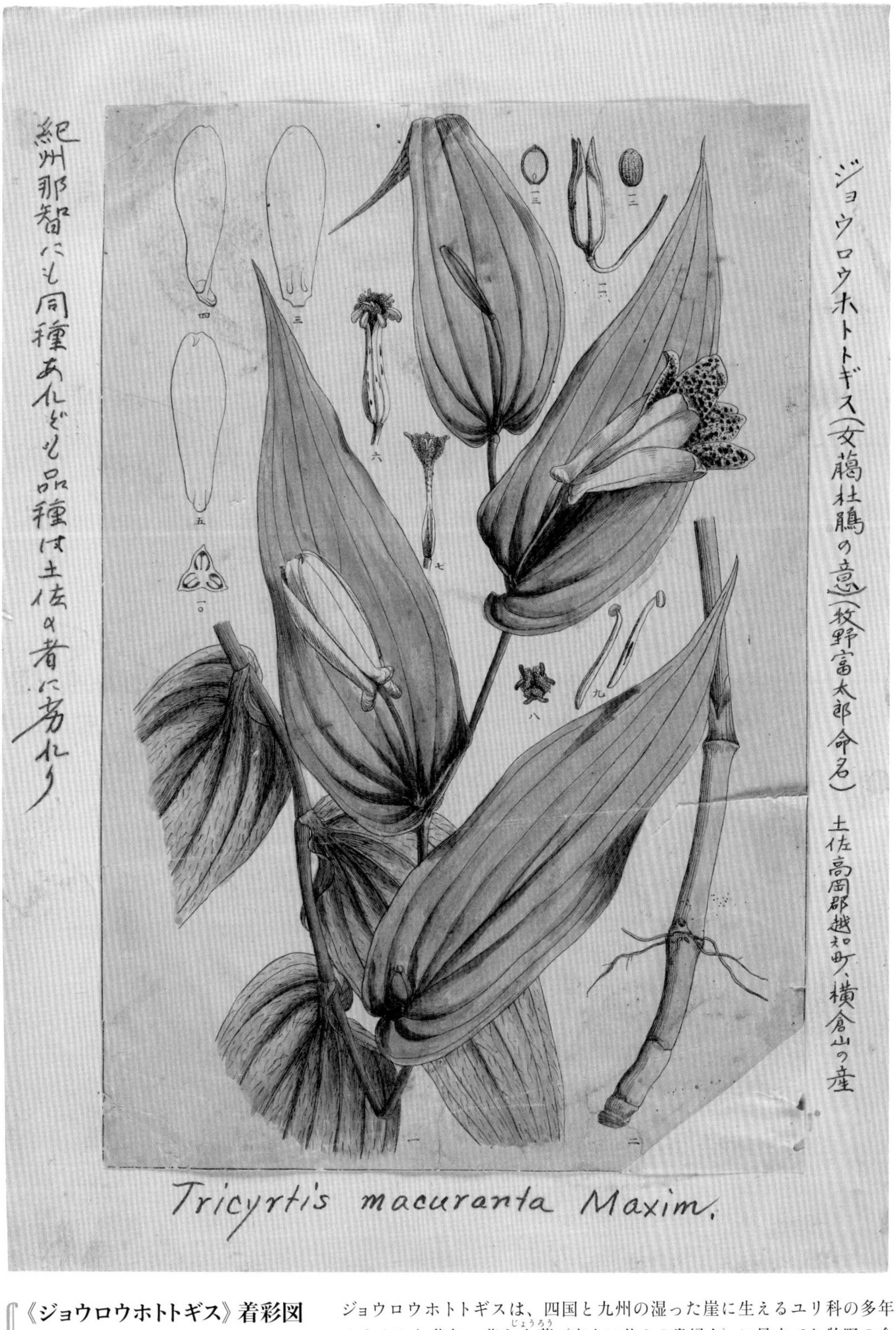

《ジョウロウホトトギス》着彩図
『日本植物志図篇』第1巻第1集第1版より
明治21年（1888）以降
高知県立牧野植物園

ジョウロウホトトギスは、四国と九州の湿った崖に生えるユリ科の多年草。ふくよかな黄色い花を上臈《じょうろう》（宮中に仕える貴婦人）に見立てた牧野の命名。学名は、牧野が横倉山（高知県）で採集した標本をもとにロシアのマキシモヴィッチがつけたもので、牧野は嬉しかったのか、『日本植物志図篇』の最初の図版としてジョウロウホトトギスを取り上げている。『日本植物志図篇』の図は白黒の線画であるが、高知県立牧野植物園には彩色した図が残されている。なお、図中には“macuranta”とあるが正式には“macurantha”である。（I）

特集

ムジナモ

明治23年（1890）5月11日のこと、江戸川の周辺で植物採集をしていた牧野は、ふとのぞき込んだ池の表面に見慣れない水草が浮いているのを見つけ、採集した。東大植物学教室に持ち帰ったところ、当時同教室教授だった矢田部良吉から、食虫植物のムジナモではないかと示唆された。ムジナモは当時ヨーロッパとインド、オーストラリアの一部にしか分布していないとされており、日本で初めての発見であった。牧野はよほど嬉しかったのか、発見した翌月の6月発行の『植物学雑誌』第4巻第40号に「Aldrovanda vesiculosa, L. 日本否ナ東京近郊ニ産ス」と興奮気味にその報告をしている。

その後牧野は、明治26年（1893）発行の『植物学雑誌』第7巻第80号にムジナモの詳細なスケッチを発表した。牧野が描いたムジナモの図は「牧野式植物図」（42頁）の代表とも言えるもので、全体図や部分図を画面いっぱいに展開させ、対象とする植物の全体像を余すところなく把握することができるものとなっている。

牧野が描いたムジナモの図は世界でも評判を呼び、ヨーロッパ産のムジナモがあまり花を咲かせないということもあり、1906年に出されたドイツの植物学専門書“Das Pflanzen-reich”26巻には、このムジナモの図が引き写されている。（I）

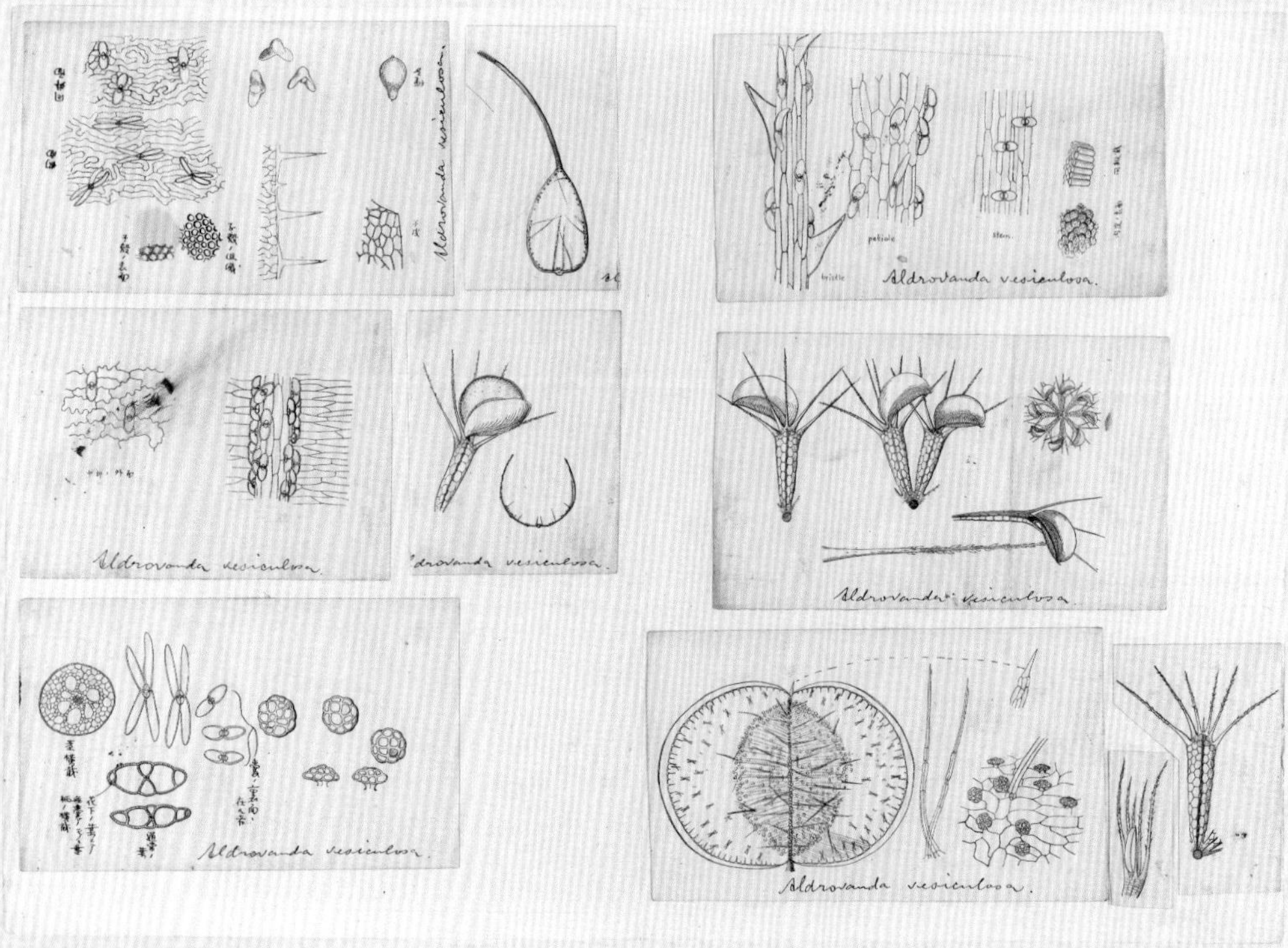

ムジナモ準備図

高知県立牧野植物園

ムジナモは、水面に浮いて生活するモウセンゴケ科の多年草である。日本では江戸川のほか、荒川、淀川、木曽川流域でも発見されたが、土地開発や大雨時の増水などにより、現在では野生のものは絶滅したようである。ムジナモは食虫植物であるが、同じ水生植物のタヌキモなどとは異なり、ハエトリソウのように2枚貝のように開いた葉身を開閉させることによりプランクトンなどの小動物を捕まえ、消化して吸収する。（I）

ムジナモ

『植物学雑誌』第7巻第80号第11版　明治26年（1893）

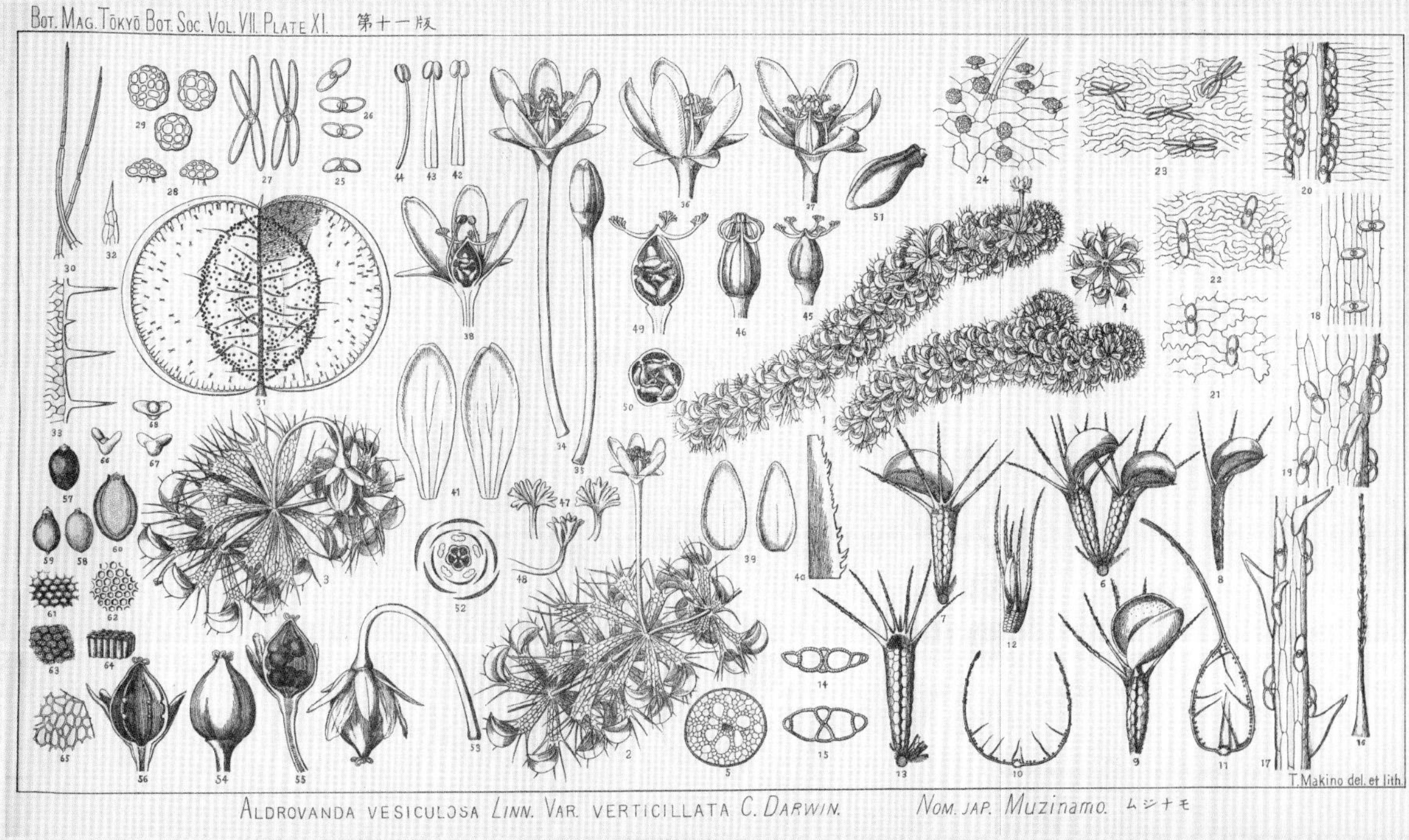
BOT. MAG. TŌKYŌ BOT. SOC. VOL. VII. PLATE XI.　第十一版
T. Makino del. et lith.
ALDROVANDA VESICULOSA LINN. VAR. VERTICILLATA C. DARWIN.　NOM. JAP. Muzinamo. ムジナモ

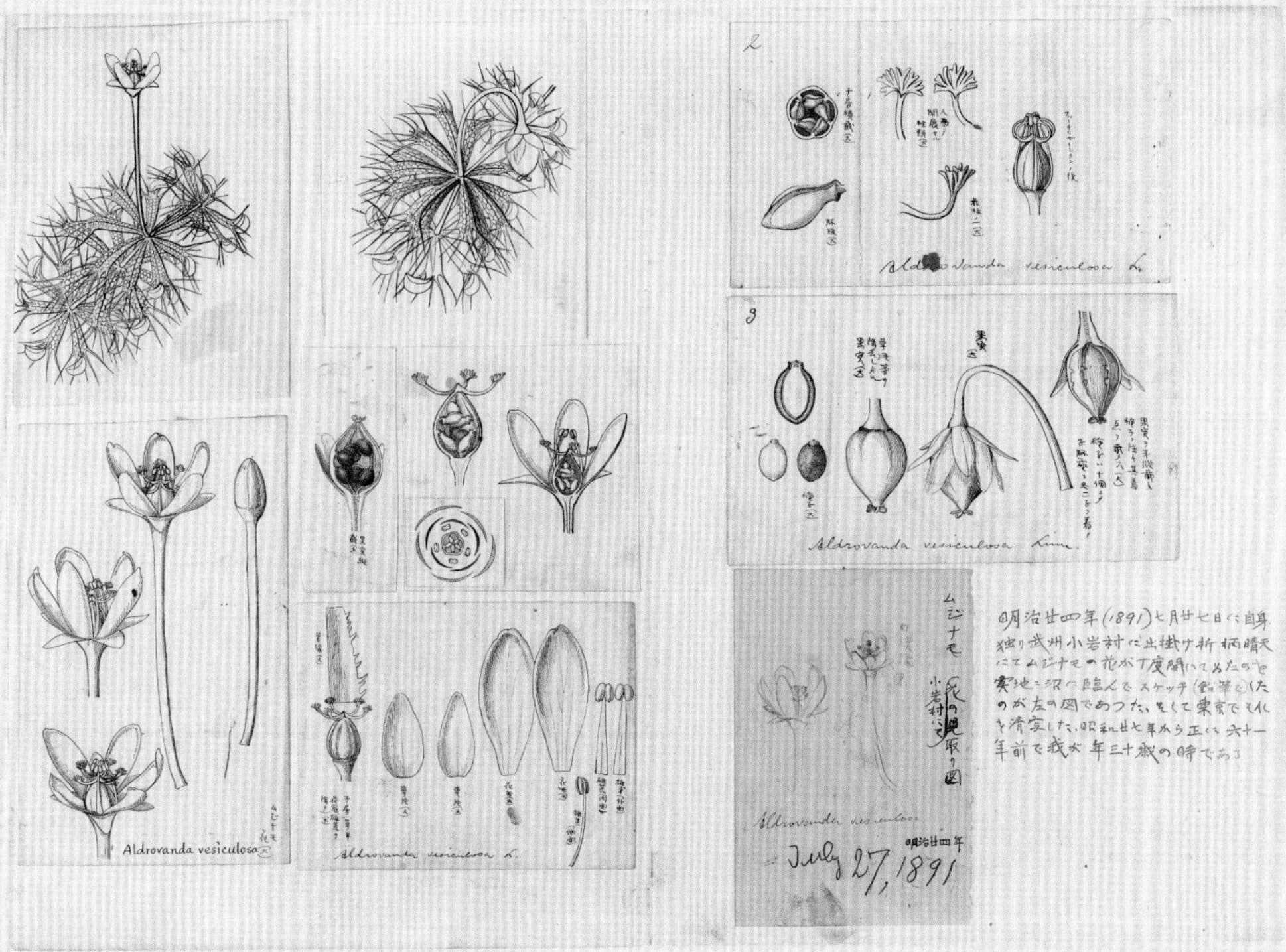
Aldrovanda vesiculosa
Aldrovanda vesiculosa L.
Aldrovanda vesiculosa Linn.
July 27, 1891
明治廿四年
明治廿四年(1891)七月廿七日に自身独り武州小岩村に出掛け折柄晴天にてムジナモの花が丁度開いてゐたので実地に沼に臨んでスケッチ(鉛筆で)したのが左の図であつた、そして東京でそれを清写した、昭和廿七年から正に六十一年前で我が年三十歳の時である

ムジナモ準備図

高知県立牧野植物園

牧野はムジナモの全体像を表すために、多くの図を緻密に組み合わせて図版を完成させている。高知県立牧野植物園には牧野が描いたムジナモのスケッチが残されており、花や実をつけた全体図、葉、茎、花、果実、種子などの部分図がこれでもかと描かれている。ムジナモが小動物を捕まえて消化するのに重要な役割を担っていると考えられる感覚毛、消化腺毛、吸収毛についても詳細に描画しており、総計で77個もの図がひとつの図版に配置されている。(I)

矢田部良吉との確執、ロシア行きの夢

　コオロギランについて牧野は機会あるごとに発見の経緯等を語っている。牧野にとって忘れられない思い出のひとつなのであろう。この植物は、明治22年（1889）9月に故郷の横倉山で発見された。珍しい植物であったので、検定を頼んでロシアのマキシモヴィッチに送ったところ、返事が翌年2月に届いた。そのなかでこの植物に*Stigmatodactylus sikokianus*という学名をつけたことが書かれてあったが、公表することなくマキシモヴィッチは亡くなってしまった。そこで牧野が、唇弁の形状と色をコオロギの羽に見立ててコオロギランという和名をつけて発表することになった。

　コオロギランに関するマキシモヴィッチからの返事が届いた同年11月に、牧野にとって思いもよらない事件が起きた。それは、植物学教室の教授、矢田部良吉から今後は標本や書籍を見せないと申し渡されたのである。理由は、矢田部も日本植物誌を出版しようしているからということであった。どんなに懇願しても矢田部は取り合ってくれず、途方に暮れたが、友人の助けで、発見して間もないムジナモの研究を続けることができた。この一件もあり牧野はロシアに行ってマキシモヴィッチのところで研究しようという希望をもつようになったが、マキシモヴィッチが急に亡くなりその夢も破れてしまった。

　昭和2年（1927）11月、北海道帝国大学において札幌博物学会主催の「マキシモヴィッチ氏誕生百年記念会」が展覧会とあわせて開催された。この記念会には牧野も東京から馳せ参じ、感謝の思いを込めてマキシモヴィッチの回顧談をしたのであった。(T)

マキシモヴィッチ　個人蔵

カール・ヨハン・マキシモヴィッチ（Carl Johann Maximowicz, 1827～1891）はロシアの植物学者。万延元年（1860）から元治元年（1864）まで日本に滞在し、須川《すがわ》長之助《ちょうのすけ》を伴って各地で植物採集を行い、多くの新種を記載している。マキシモヴィッチは牧野から留学を希望する手紙をもらい、受け入れるという内容の返事を出したものの、直後にインフルエンザがもとで、1891年2月に亡くなった。(I)

PICK UP

日本近代植物学の草創期

日本の草創期にあった植物分類学者たちは、マキシモヴィッチに標本を送り鑑定を依頼した。マキシモヴィッチは、極東アジアを広範囲に調査した豊かな知見をいかして正確な検定を行い、返答を寄越してくれた。牧野も、多数の標本をマキシモヴィッチに送り、ジョウロウホトトギスやマルバマンネングサなど新種であることがマキシモヴィッチによって明らかにされ命名された植物もある。(T)

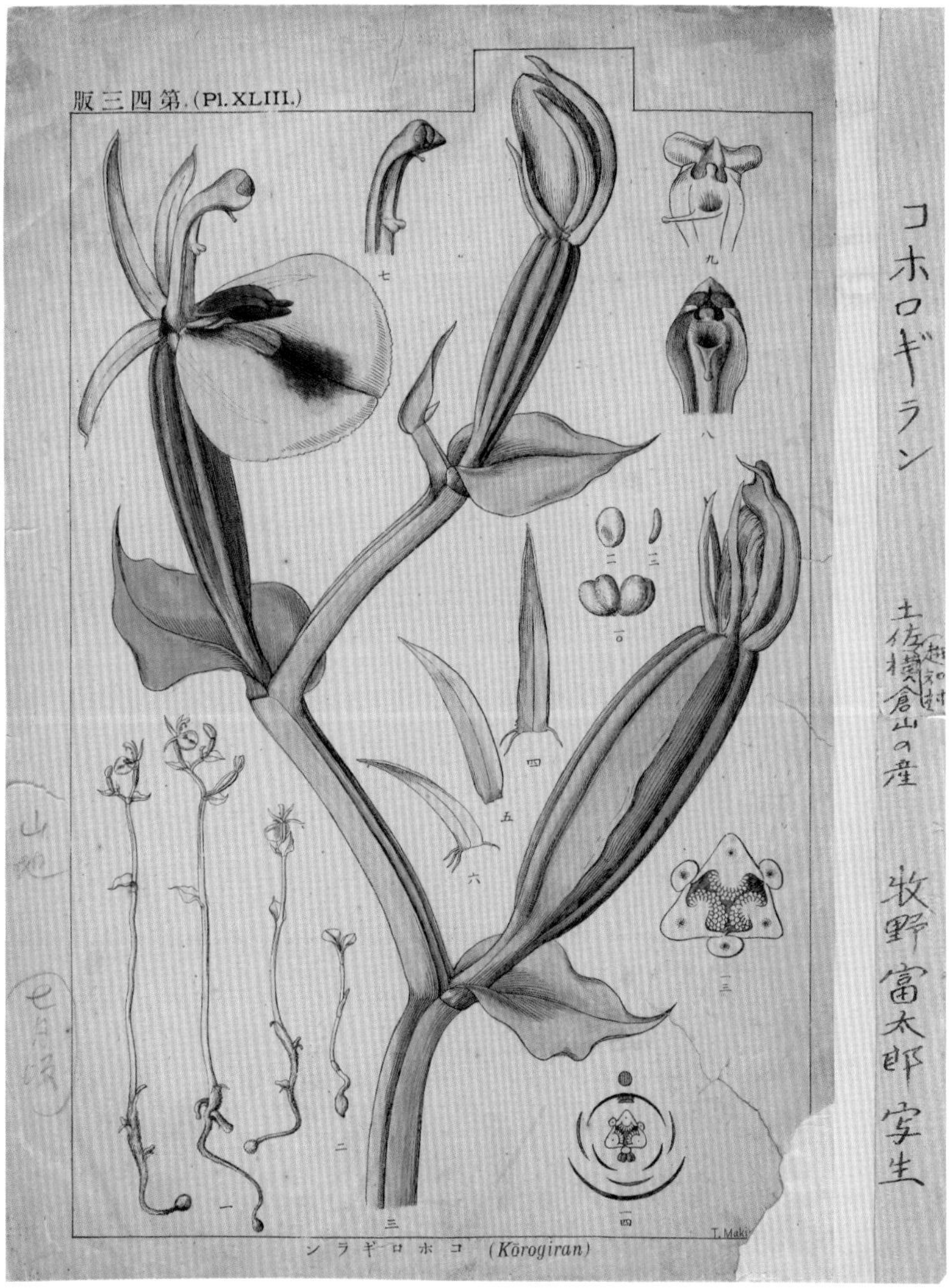

コオロギランは、本州（和歌山県）、四国、九州、台湾に分布する地生のラン科植物。常緑広葉樹林などの林床に生える。茎は高さ3 cm 〜10 cmで、茎の先に通常2個〜3個の花をつける。植物体が小さく、薄暗い林の中に生えるため、コオロギランを探すときには、落ち葉を一枚一枚めくるように剥ぎながら探すことになる。不思議なことに、ひとつ見つけることができれば、目が慣れるためか比較的容易に探せるようになる。（I）

《コオロギラン》着彩図
『日本植物志図篇』第1巻第7集第43版より
明治24年（1891）以降　高知県立牧野植物園

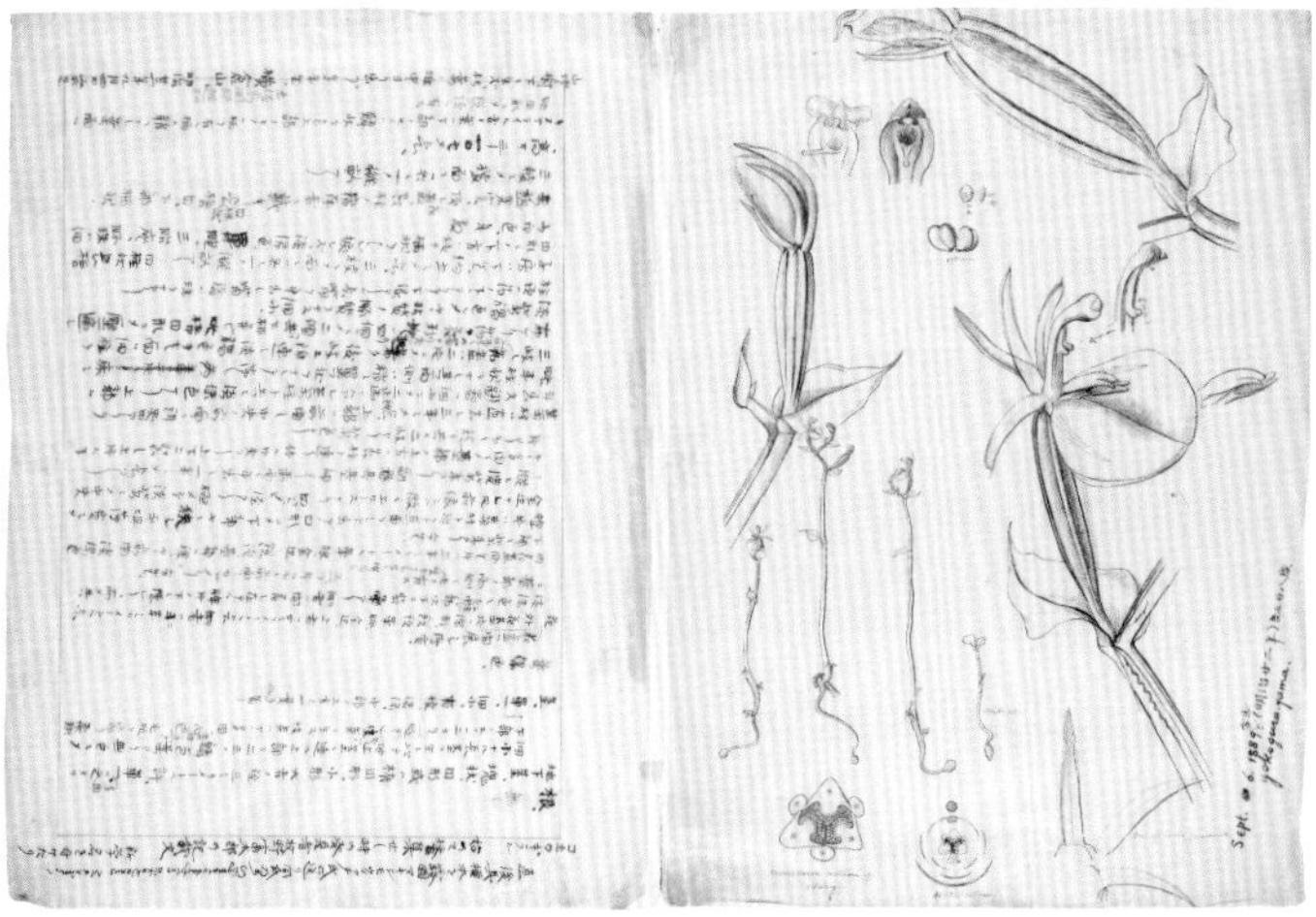

《コオロギラン》準備図
明治22年（1889）
高知県立牧野植物園

牧野は明治24年（1891）に発行した『日本植物志図篇』第1巻第7集にコオロギランの図を発表している。『日本植物志図篇』の図は白黒の線画であるが、高知県立牧野植物園には同じ構図の着彩図が残されている。さらに図の元絵としたスケッチ（準備図）と観察記録が残されており、牧野が採集した際にすでに正確な図と記載を行っていたことがわかる。（I）

3章 植物研究に打ち込む

明治26年（1893）に帝国大学理科大学（現東京大学理学部）の植物学教室の助手を拝命した牧野は、職に就いたとはいえ所帯をもち子どもが生まれ、助手の給料だけではどんなにつましく生活してもなかなか厳しかった。その上、研究のための書籍購入などいろいろと出費がかさむ。採集してきた植物の標本や本の置き場のために広い家も必要であった。自叙伝では、自身のことを「従来風雨を知らぬ坊ッチャン育ちであまり前後も考えないで鷹揚に財産を使い、金には全く執着がない方だった」と述べている。

　しばらくして借金がかなりの額となったが、同郷の知人が力を貸してくれ、当時の大学総長に掛け合ったことにより大学から牧野の編纂による「日本植物誌」が刊行されることになった。しかしながら、その頃から植物学教室の教授松村任三が牧野に対して好意を示さなくなり、雑誌に論文を載せることを自重するよう牧野に言ったりもした。

　こうしたなか明治33年（1900）に、牧野の渾身の力作『大日本植物志』第1集の出版がなされた。これは明治44年（1911）の第4集まで続く。ほぼ同じ時期に、シダ植物の優れた図を多数収載する『新撰日本植物図説』なども刊行した。また、牧野は明治30年代終わりごろから各地の講習会に招かれ、講師として植物の採集を指導したり、講話を行ったりするようになる。さらに、明治42年（1909）に横浜植物会が創設され、牧野が指導の任に就き、同44年（1911）には東京植物同好会（現在の牧野植物同好会）を創設し、牧野自身が会長となった。

牧野と壽衛子
撮影年不明　個人蔵

牧野は、青年の頃本郷の大学へ行く途中に通る菓子屋で見そめた娘、壽衛子と結婚した。「まあ恋女房という格ですネ」と自叙伝に書いているように、13人の子どもを育て、金銭の問題によく対処して、学者として励む牧野を支えた妻であった。昭和3年（1928）に壽衛子は亡くなるが、その前年に仙台で見つけた新種のササに、牧野は感謝の念を込めて「スエコザサ」という和名と「ササ・スエコアナ」という学名をつけて発表した。(T)

34歳
明治29年
(1896)
▼
63歳
大正14年
(1925)

しかし、経済的な困窮はさらにひどくなり、ついには研究のために不可欠な標本を手放さなくてはならない事態に追い込まれた。このことを知り心配した朝日新聞社の記者で農学士の渡辺忠吾《ちゅうご》が、牧野の窮状を救うための記事を執筆して東京朝日新聞に掲載。それが大阪朝日新聞に転載された結果、神戸の篤志家の池長孟《いけながはじめ》から申し出があり、その援助を受けることになった。そして自分の標本を神戸に持って行き、神戸の会下山《えげやま》公園の登り口にある池長が提供した建物を研究所にして、標本を収蔵した。池長植物研究所の発足である。大正7年（1918）秋には開所式が行われた。

それからの牧野は、東京と神戸を行ったり来たりする生活になった。各地での採集に飛び回り標本製作にもじっくり時間をかける牧野と、学界や社会への貢献のため陳列・公開を進めたい池長との間に齟齬が生じたが、一方で神戸や大阪に暮らす植物を愛好する仲間との出会いがあり、そこで組織された採集会の指導に携わることになった。

また、『牧野日本植物図鑑』（北隆館・1940）の完成に至る長い道のりが、明治41年（1908）出版の『植物図鑑』に牧野の名が校閲者として記されたことにはじまる。そして、大正14年（1925）、『植物図鑑』に改訂の手を加えた牧野富太郎著『日本植物図鑑』が刊行され、その後『日本植物図鑑』を全面的に改める大事業が行われることになる。(T)

当時の東大植物園（現在の小石川植物園）
小石川植物園提供

東京帝国大学理科大学植物学教室の助手室での牧野富太郎
明治33年（1900） 個人蔵

明治33年（1900）に東京帝国大学理科大学植物学教室の助手室で撮影された写真である。牧野はその時38歳で、同教室の助手を務めていた。植物学教室らしく、標本や生の植物がそこかしこに置かれ洋書が積まれている。机の上には2台の顕微鏡もある。中央に立つ牧野の姿からは、はつらつとした研究者のオーラが感じられる。牧野は、当時『大日本植物志』や『新撰日本植物図説』などの植物図説集の出版に勤しんでおり、人生で最もあぶらののった時期を迎えていた。(T)

Profile

34歳	明治29年（1896）	植物採集のために台湾に出かける。
37歳	明治32年（1899）	『新撰日本植物図説』刊行を始める。
38歳	明治33年（1900）	『大日本植物志』第１巻第１集発行。
39歳	明治34年（1901）	「日本植物考察」を植物学雑誌に英文で連載開始。『日本禾本莎草植物図譜』『日本羊歯植物図譜』刊行始める。
40歳	明治35年（1902）	ソメイヨシノの苗木を郷里佐川と高知市五台山に送り移植。『大日本植物志』第１巻第２集発行。
44歳	明治39年（1906）	この年から明治44年まで、毎年九州各地で夏期植物講習会を開催。『大日本植物志』第１巻第３集発行。
45歳	明治40年（1907）	東京帝室博物館天産課嘱託となる（大正14年まで）。『増訂草木図説』１輯刊。
47歳	明治42年（1909）	『植物学雑誌』に新種のヤッコソウを発表。横浜植物会創立、指導にあたる。
48歳	明治43年（1910）	東京帝国大学理科大学を休職となる。
49歳	明治44年（1911）	千葉県立園芸専門学校（現在の千葉大学園芸学部）の嘱託となる。東京植物同好会を設立し会長となる。『大日本植物志』第１巻第４集発行。
50歳	明治45年（1912）	東京帝国大学理科大学講師となる。
54歳	大正5年（1916）	東京朝日新聞に窮状の記事が出る。神戸の池長孟が援助を申し出る。『植物研究雑誌』を創刊。
63歳	大正14年（1925）	『日本植物総覧』（根本莞爾共編）と『日本植物図鑑』刊。

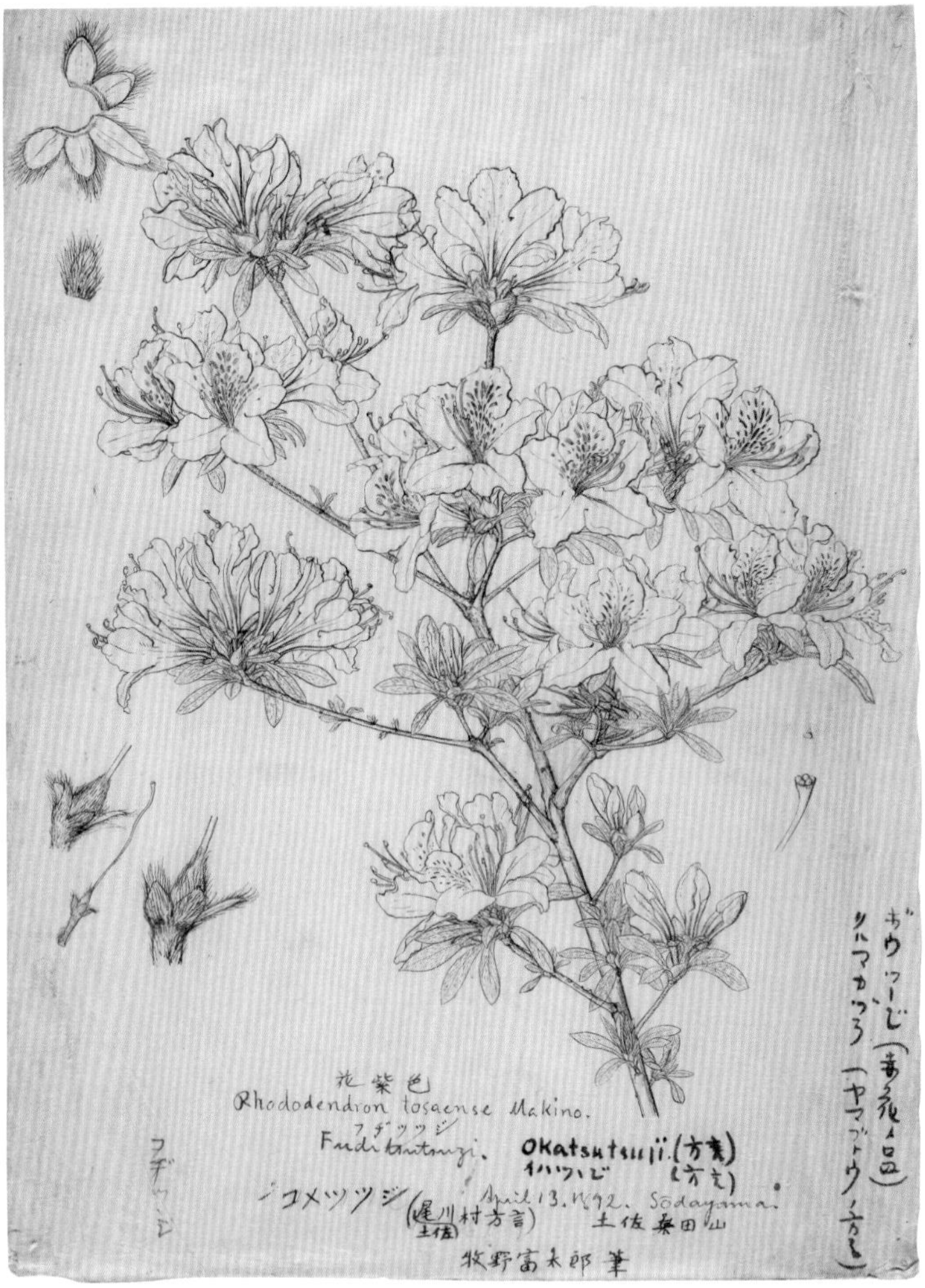

《フジツツジ》
明治25年（1892）
高知県立牧野植物園

フジツツジは、本州（紀伊半島）から四国、九州にかけて分布するツツジ科の半常緑低木。ヤマツツジに似るが、花が藤色を呈することで区別される。牧野はこのツツジを桑田山《そうだやま》と上分村《かみぶんむら》（ともに現在の高知県須崎市）で採集し、*Rhododendron tosaense* Makino の 学名をつけて発表した。高知県立牧野植物園には桑田山で採集して牧野が描いたフジツツジのスケッチが残されている。（I）

植物画

植物を描いたものが「植物画」であるが、その描写にはさまざまなスタイルがある。ゴッホの《ひまわり》やモネの《睡蓮》などは、芸術的には優れた作品であろうが、植物を正確に表現してはいない（作者の意図はそこにはない）。科学的著作物や図鑑などに掲載される植物画を何と呼ぶかは難しいが、梅林正芳氏は著書『どこかにきっといる植物図鑑の絵を描きたいと思っている人に！』（ウッズプレス・2022）の中で「植物図」としているし、『日本ラン科植物図譜』（文一総合出版・2012）の図版を描いた中島睦子氏は、自身を「標本図作家」と称している。

牧野が目指したものは、植物の全体像をありのままに、正確に写し取ることであった。そのために牧野は多くのスケッチを残している。現在残っている最も古いものは、牧野が16歳の頃に描いた《ツルムラサキ》（8頁）であるが、独学で植物の描写を習得し、さらに石版印刷の技法も習い、明治21年（1888）に『日本植物志図篇』を刊行する。牧野の図は、その天分にも恵まれ高い評価を得ることになり、その後の一連の図説の刊行につながっていく。

また自身で植物画を描くだけではなく、若い植物画家も育てている。山田壽雄（70頁）、川崎哲也など、後の『牧野日本植物図鑑』の図版はその多くを牧野が目を掛けた植物画家が作画している。（I）

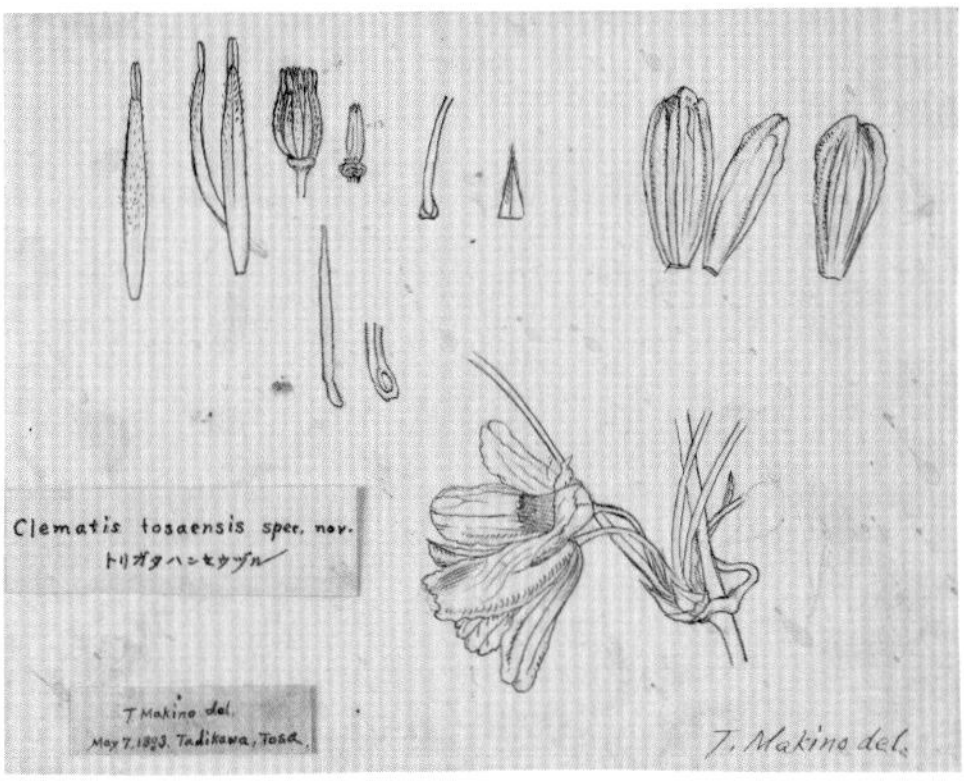

《トリガタハンショウヅル》
明治26年（1893）　高知県立牧野植物園

トリガタハンショウヅルは、本州から四国にかけて分布するキンポウゲ科の木本性つる植物。葉は３出複葉で、4月から5月にかけてクリーム色がかった釣り鐘状の花をぶら下げるように咲かせる。牧野は明治22年（1889）にトリガタハンショウヅルを鳥形山（高知県仁淀川町）で採集し、*Clematis tosaensis* Makino の学名をつけて発表した。牧野植物園に残る図は明治26年作とされる。(I)

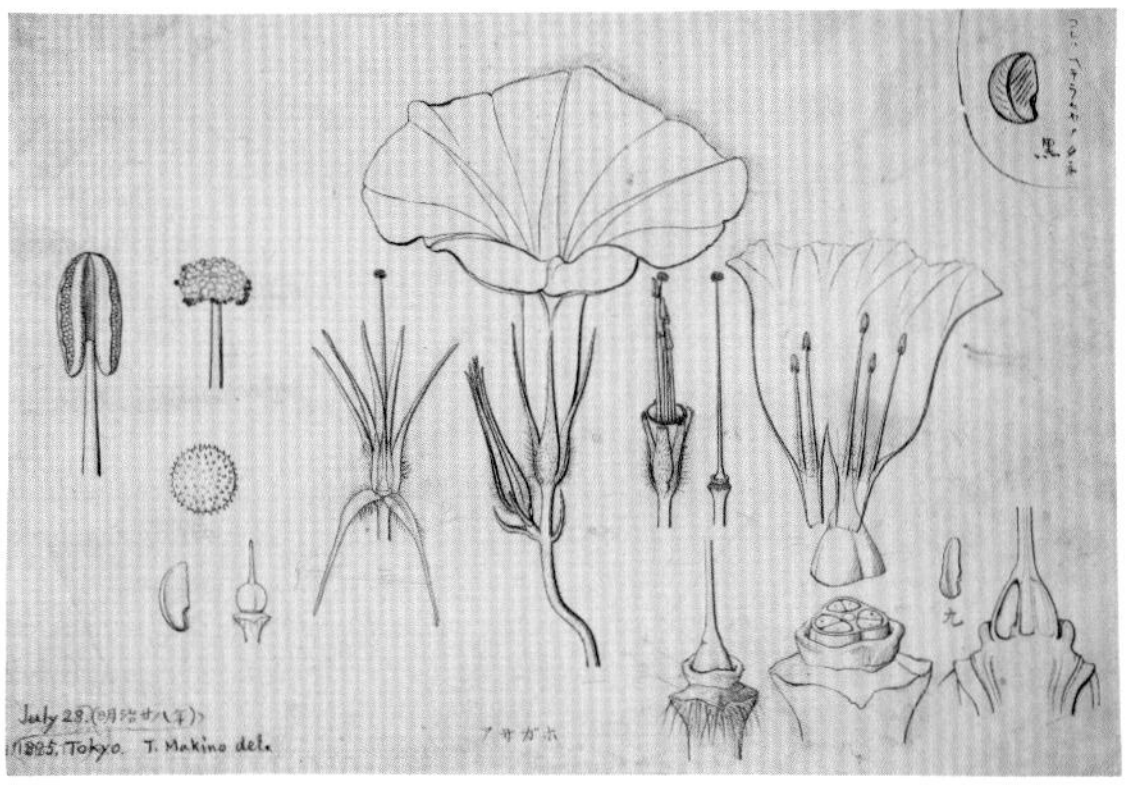

《アサガオ》
明治28年（1895）　高知県立牧野植物園

アサガオは、ヒルガオ科サツマイモ属のつる性1年草。夏の頃に朝早くラッパ状の花を開き、昼頃には閉じてしまう。日本では古くから栽培される古典園芸植物として有名で、江戸時代には多くの品種が栽培されていたという。牧野はアサガオの花を使い、さまざまな部分図とともに精密に描写した図を残している。ありふれた花でも科学的にとらえ直して提示する必要がある、と考えたのかも知れない。(I)

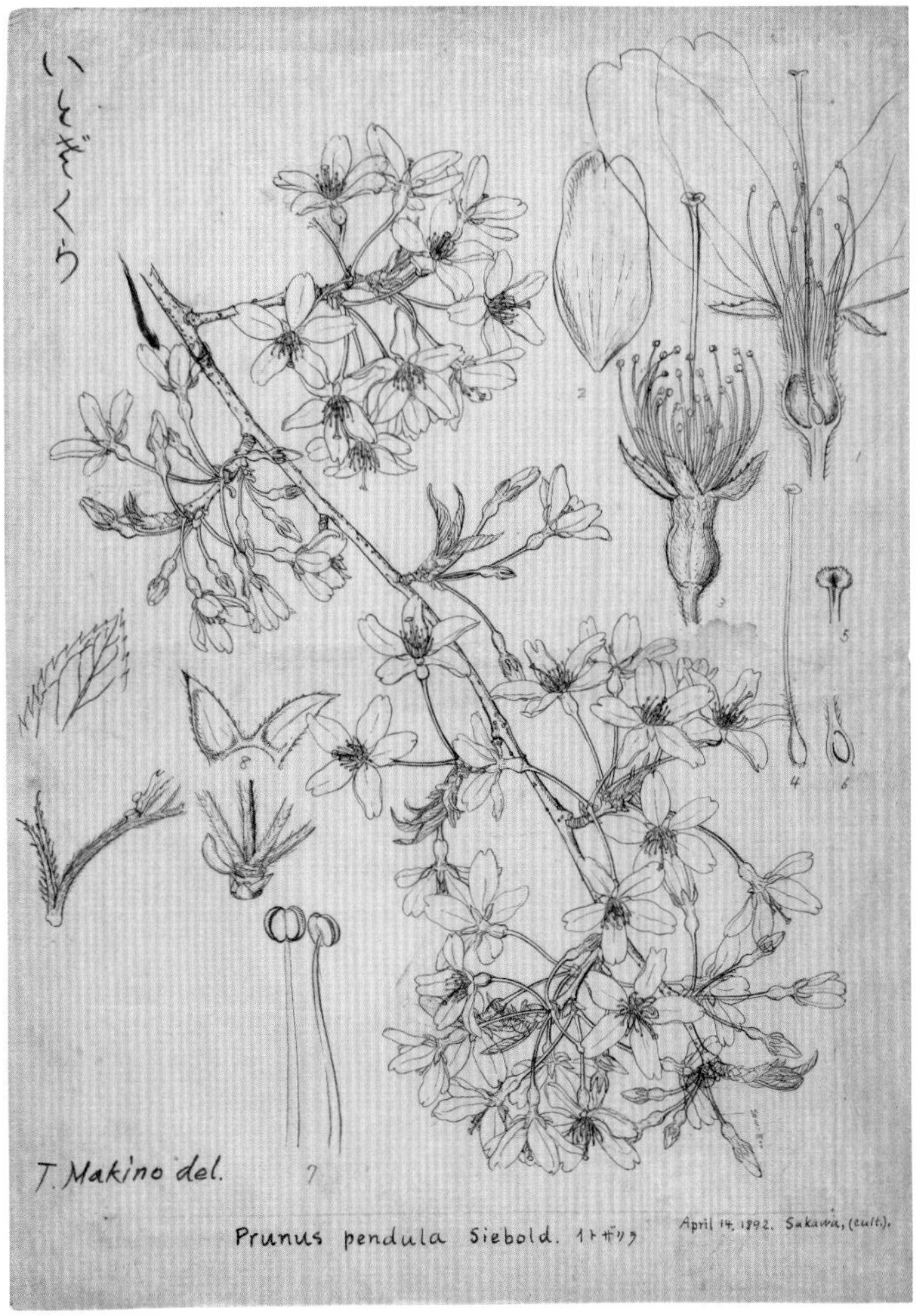

《イトザクラ（シダレザクラ）》
明治25年（1892）　高知県立牧野植物園

イトザクラは広く栽培されるバラ科サクラ属の落葉高木。本州から九州、朝鮮半島、中国にかけて自生するエドヒガンの園芸品種とされ、枝が下垂する。古くから栽培されており、各地の寺や神社にイトザクラの巨木が植えられている。牧野はサクラを好んでいたようで、このイトザクラの絵以外にも『大日本植物志』でヤマザクラやオオヤマザクラを描いたほか、「櫻花図譜」(50頁)の編纂にも取り組んでいる。(I)

採集したススキを新聞紙に挿《はさ》む牧野。千葉市稲毛にて
昭和16年（1941）　個人蔵

・特集・

牧野富太郎の標本

牧野はその生涯に40万点とも50万点ともいわれる膨大な数の標本を採集した。牧野が集めた標本は、現在主に2か所の植物標本庫（ハーバリウム）に収蔵されている。ひとつは東京大学植物標本室（ＴＩ）、もうひとつは東京都立大学牧野標本館（ＭＡＫ）である（ＴＩやＭＡＫは、個々のハーバリウムを識別するための記号）。

牧野は明治26年（１８９３）から帝国大学植物学教室の助手として勤めていたので、当初は所属のハーバリウムであるＴＩに標本を収めていた。しかし、明治33年（１９００）頃からは自身の研究のためか、標本を手元に置くようになる。途中、生活苦から標本を売却しようとするが、篤志家の池長孟氏に救われるとともに、神戸に池長植物研究所を設立し、そこに標本を移動させる。最後は牧野の手元に標本は戻り、昭和32年（１９５７）に牧野が亡くなった後に標本は東京都に寄贈され、翌年牧野の標本を整理する目的で東京都立大学に牧野標本館が設立された。寄贈された牧野の標本は、新聞紙に挟んで束ねられ、包みの上に日付や場所を簡単に書いてあるだけのものが多く、ラベル作り、同定、台紙への貼りつけなどの作業を経て、ほぼ片付けるのに50年ほどもかかったという。

しかし、なぜ牧野はそんなに膨大な標本を集め続けたのだろうか？　それは牧野が専門とした植物分類学にとって、標本はなくてはならないものだったからである。牧野が活躍した時代は、日本にどんな種類がどこに分布しているのかもはっきりとはわからない状況であった。そこで彼は日本中をくまなく歩き回り、証拠となる標本を採集して調べていたのである。また後には、地方のアマチュア植物採集家達からも牧野のもとに標本が送られてきて、標本の数は増えていった。標本には採集日や採集場所などが記録されたラベルが付随し、その植物が「いつ」、「どこに」生えていたかという確実な証拠とな

《ウチワドコロ》標本

東京大学植物標本室

明治21年（1888）9月9日に清水峠（群馬県と新潟県の県境）で採集されたもの。牧野は『日本植物志図篇』第1巻第7集（1891）でウチワドコロ *Dioscorea nipponica* Makinoを記載する際に、その産地を「秩父、清水峠、軽井沢」としており、それらの標本がウチワドコロの学名を決める際の基準標本（タイプ標本）となった。（I）

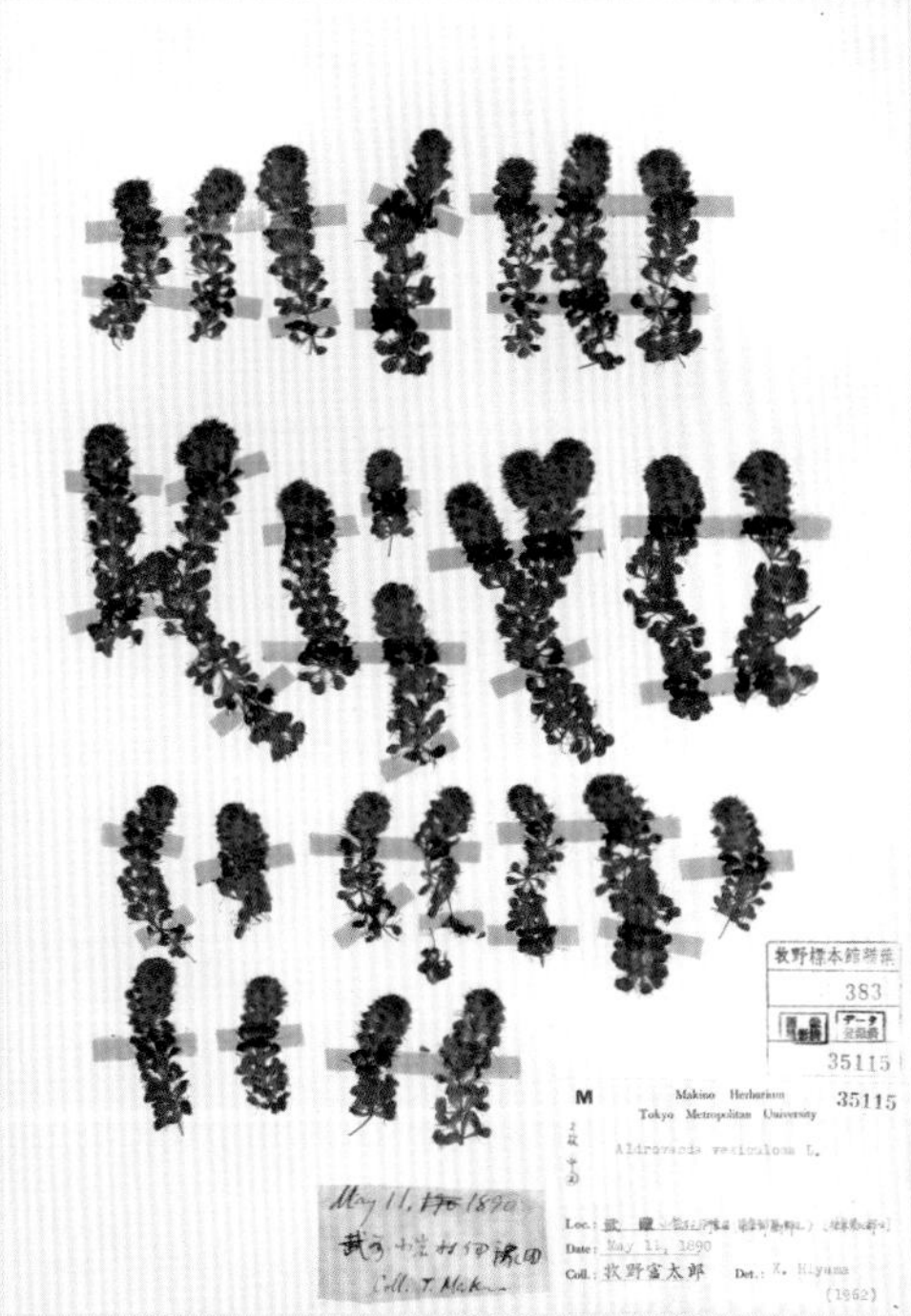

《ムジナモ》標本

東京都立大学牧野標本館

牧野が明治23年（1890）5月11日に小岩村（現在の東京都江戸川区）で採集したもの。牧野は日本にムジナモが分布することをはじめて報告したが、その証拠となるのがこの標本である。牧野が描いたムジナモの図は、『植物学雑誌』（1893）のほか、『日本植物志図篇』（1888〜1891）にも準備されていたが出版されず、後に『牧野植物学全集』（1934）で発表されている。（I）

る。同定や場所に疑問がある場合には標本に当たって検証することも出来る。したがって標本はできるだけ多くの場所で、できるだけたくさん採集することが必要なのである。

集められた標本を確認・検討することにより、新たな分布地が見つかったり、新たな種類が発見されることがある。例えば牧野が明治23年（１８９０）に日本で最初に発見したムジナモの標本はＭＡＫに収蔵され、『日本植物志図篇』第1巻第７集（１８９１）で新種発表したウチワドコロ *Dioscorea nipponica* Makino の基準標本（タイプ標本）の1枚はＴＩに収蔵されており、いつでも検証できるようになっている。基準標本は新種を発表する際に必要不可欠であり、標本は分類学者にとって命の次に大事なものなのである。（I）

PICK UP

植物分類学

植物分類学は植物学の一分野で、歴史的にみて植物学のなかで最も古く成立した。分類学とは生き物をそれぞれの特徴によってグループ分けして整理する学問で、植物の場合は花のつくりや、実や種のつくりなどをもとにして整理する。

Column

植物採集のために台湾へ

明治29年（1896）10月に牧野は護身用のピストルと弾薬を購入したと日記にある。これは、台湾での学術調査のための準備であった。日清戦争が終結し台湾が日本に併合されて1年半が過ぎた頃である。一行は、10月末に台湾に着き、約1か月の滞在を経て12月中旬に戻ってきた。

牧野は台湾出張について多くを語っていないが、同行した大渡忠太郎によって、台湾での植物採集に関する報告として「台湾植物採検紀行」が、明治30年（1897）に6回にわたって『植物学雑誌』に掲載された。それによれば、言葉が通じなかったり、移動の不便が生じたり思うように行動でき

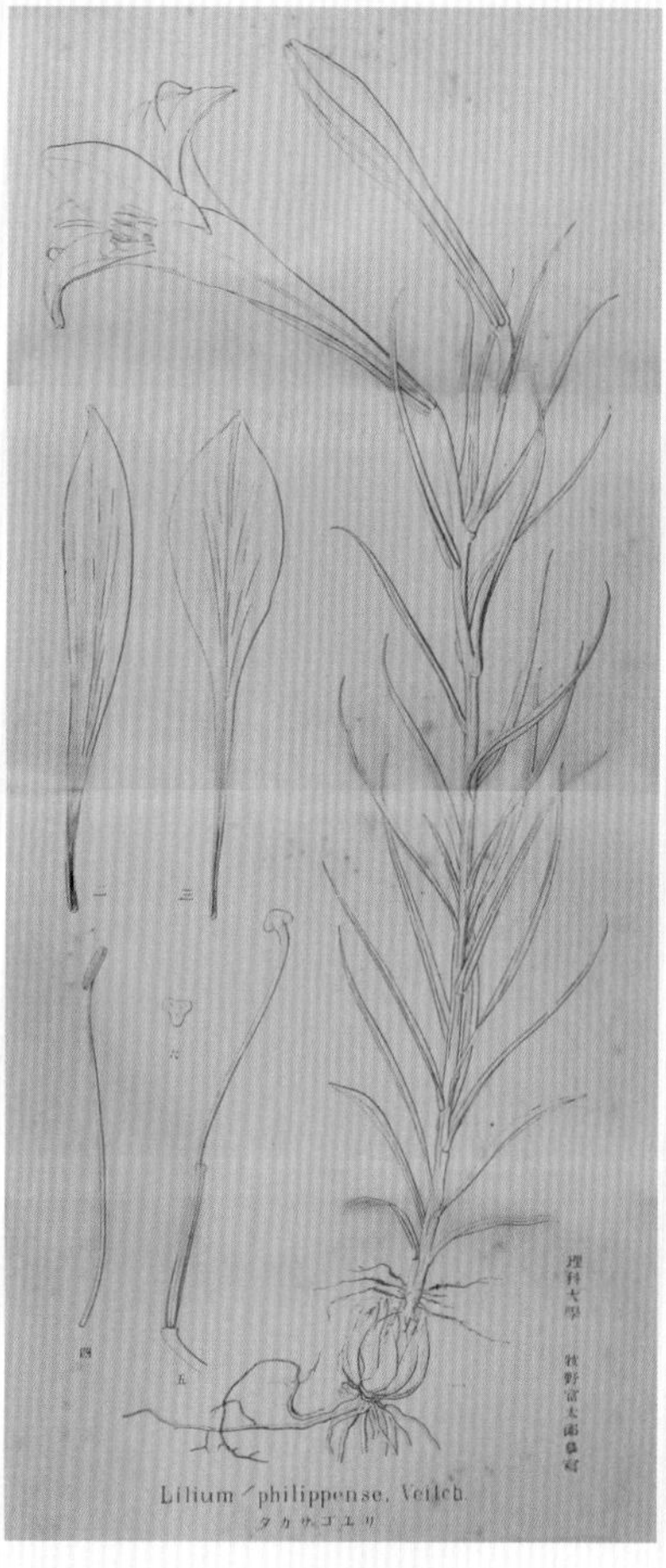

《タカサゴユリ》印刷図

『日本園芸会雑誌』87号（1898）に掲載された「台湾産たかさごゆりノ記（図版附）」（『牧野植物学全集　植物集説 下』〈誠文堂新光社・1936〉より）

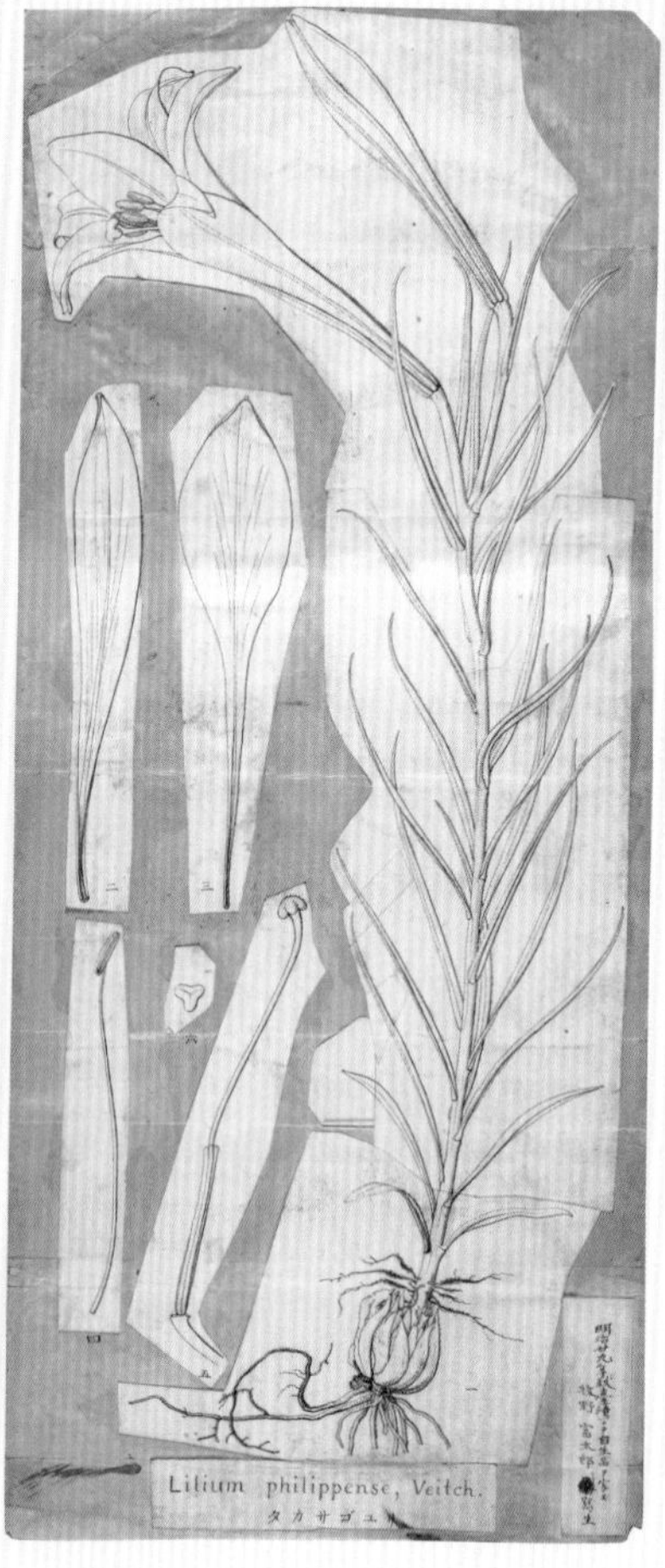

《タカサゴユリ》

明治29年（1896）　高知県立牧野植物園

牧野は台湾・基隆《キールン》近くの啤角《ビーグァ》でタカサゴユリを見つけた。同行していた内山富次郎（1851〜1915・小石川植物園園丁）は球根を採取し、自らは標本を作っている。牧野は台湾行きで多くの標本を採集しているが、台湾産植物に関する報告文は少ない。その中でタカサゴユリについては『日本園芸会雑誌』87号（1898）で報告し、スケッチを添えている。そのスケッチの原図は高知県立牧野植物園にある。（I）

なかった様子が伝わる。また牧野は、主に台湾の北部地域で採集調査を行ったとある。そこで見つけたタカサゴユリ（一名タイワンユリ・ホソバノテッポウユリ）については、「台湾産たかさごゆりノ記（図版附）」（『日本園芸会雑誌』87号・1898）と題した牧野の記事がある。記事には、「そのユリを台北城から遠くないところにある丘で発見し、特徴は白花でテッポウユリと似ているが、花や葉がそれより細い」と記され、牧野が描いたタカサゴユリの図も添えられている。(T)

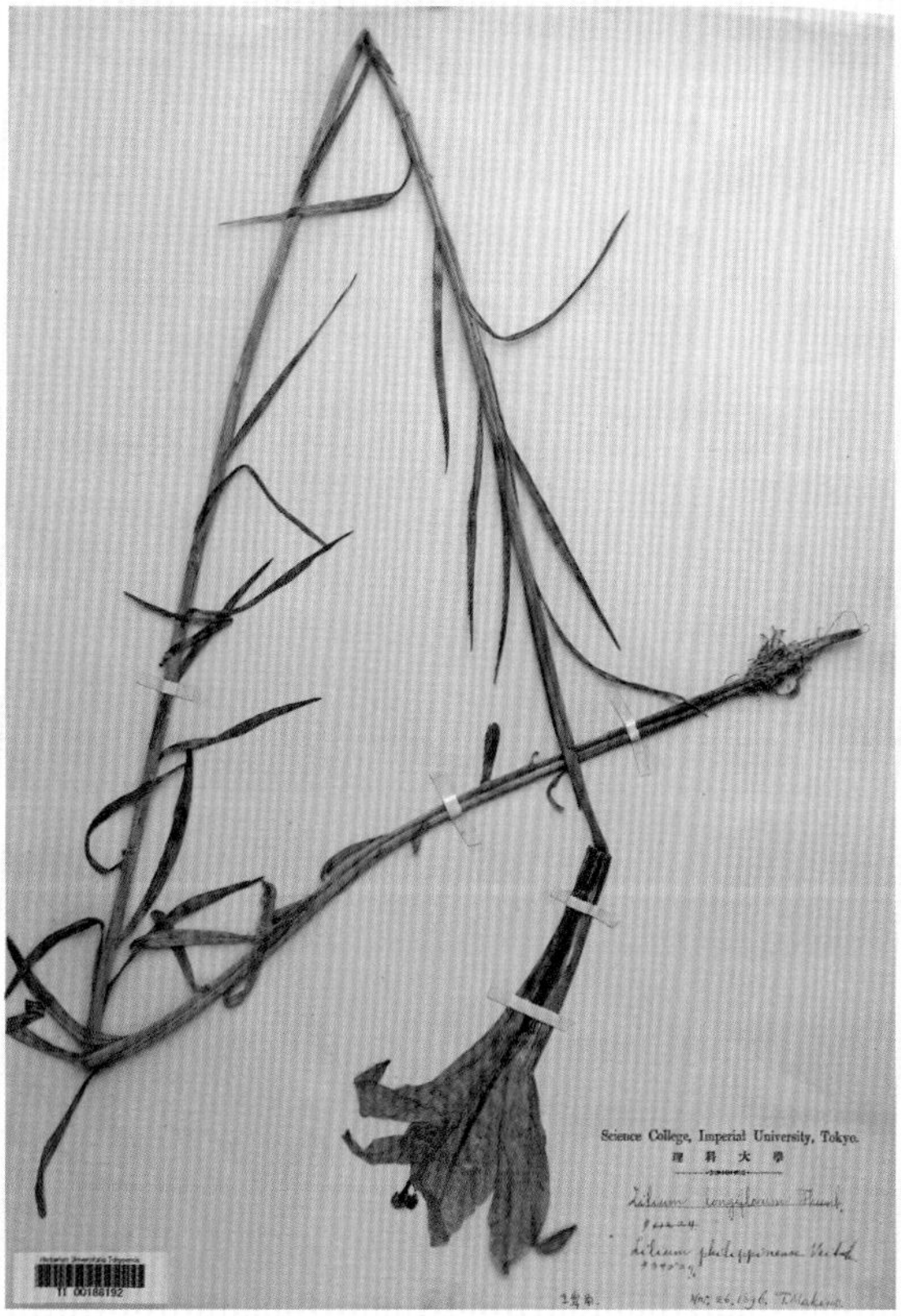

《タカサゴユリ》標本

東京大学植物標本室

タカサゴユリは台湾に固有のユリ科の多年草。テッポウユリに似るが、葉は細く、茎の高さは1.5 mほどになる。もともと日本には自生していなかったが、鑑賞目的で移入されたものが逸出し、現在では日本各地で繁殖している。東京大学植物標本室（TI）に収蔵される標本は、牧野が台湾で採集した日本に帰化する以前のタカサゴユリであり、この標本をもとに『日本園芸会雑誌』の絵が描かれたと考えられる。(I)

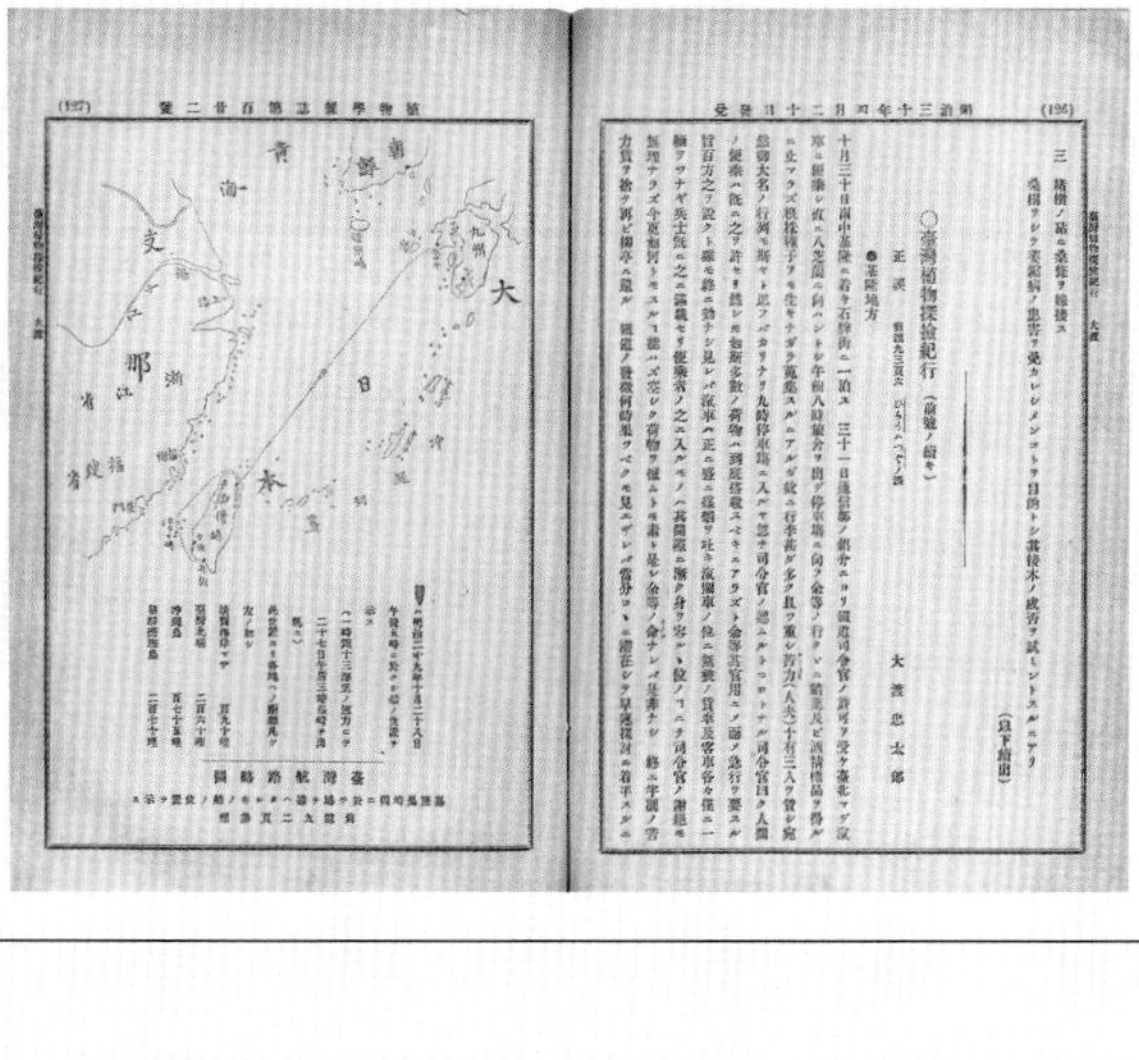

「台湾植物探検紀行」
『植物学雑誌』第11巻第122号　明治30年（1897）

PICK UP

「台湾植物探検紀行」より

（以下牧野富太郎氏ニ拠ル）
十一月八日予内山氏ヲ以テ台北ニ入ル植物採集ノ用具之レニ従フ時ニ台北城内黒死病アリ故ヲ以テ一行大稲埕ニ宿ス大稲埕ハ台北城ノ北少距離ノ処ニ在テ淡水河ニ臨ミ人家稠密商業繁盛ナリ而シテ茶業殊ニ盛ニシテ彼ノ烏龍茶ハ主トシテ此地ノ精製ニ係ルナリ予等直ニ台北附近四周植物ノ観察并ニ採集ヲ始メタリ

（大渡忠太郎「台湾植物探検紀行」『植物学雑誌』第一一巻第一二三号、明治三〇年）

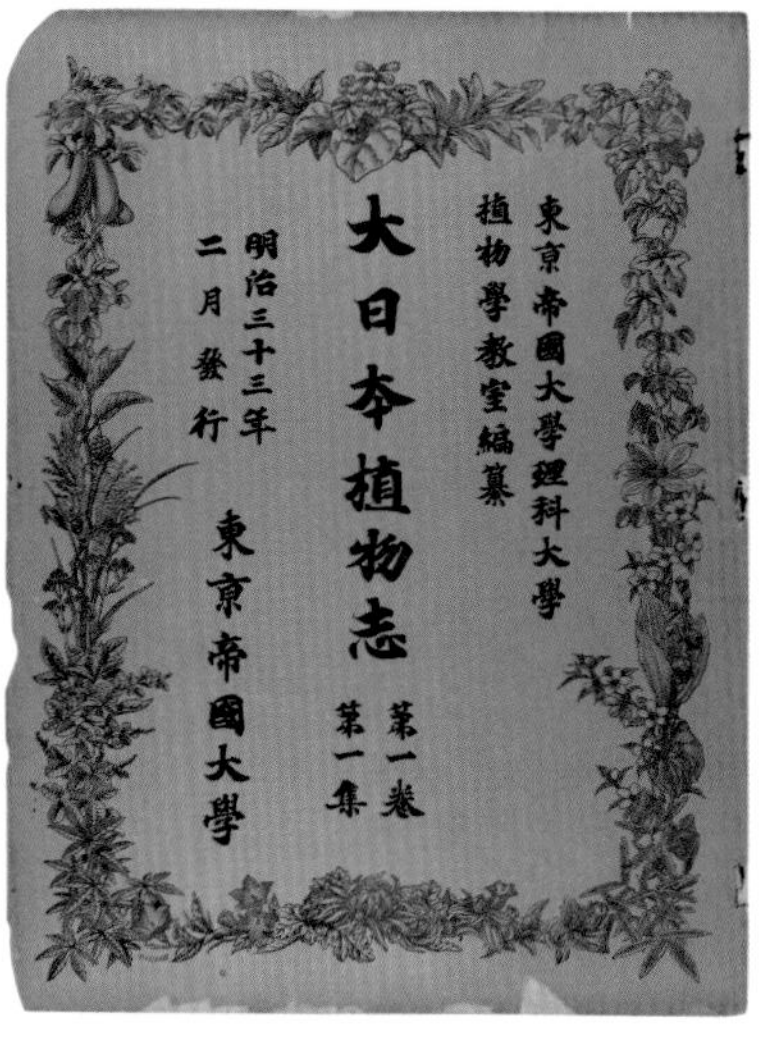

『大日本植物志』第1巻第1集
明治33年（1900）　高知県立牧野植物園

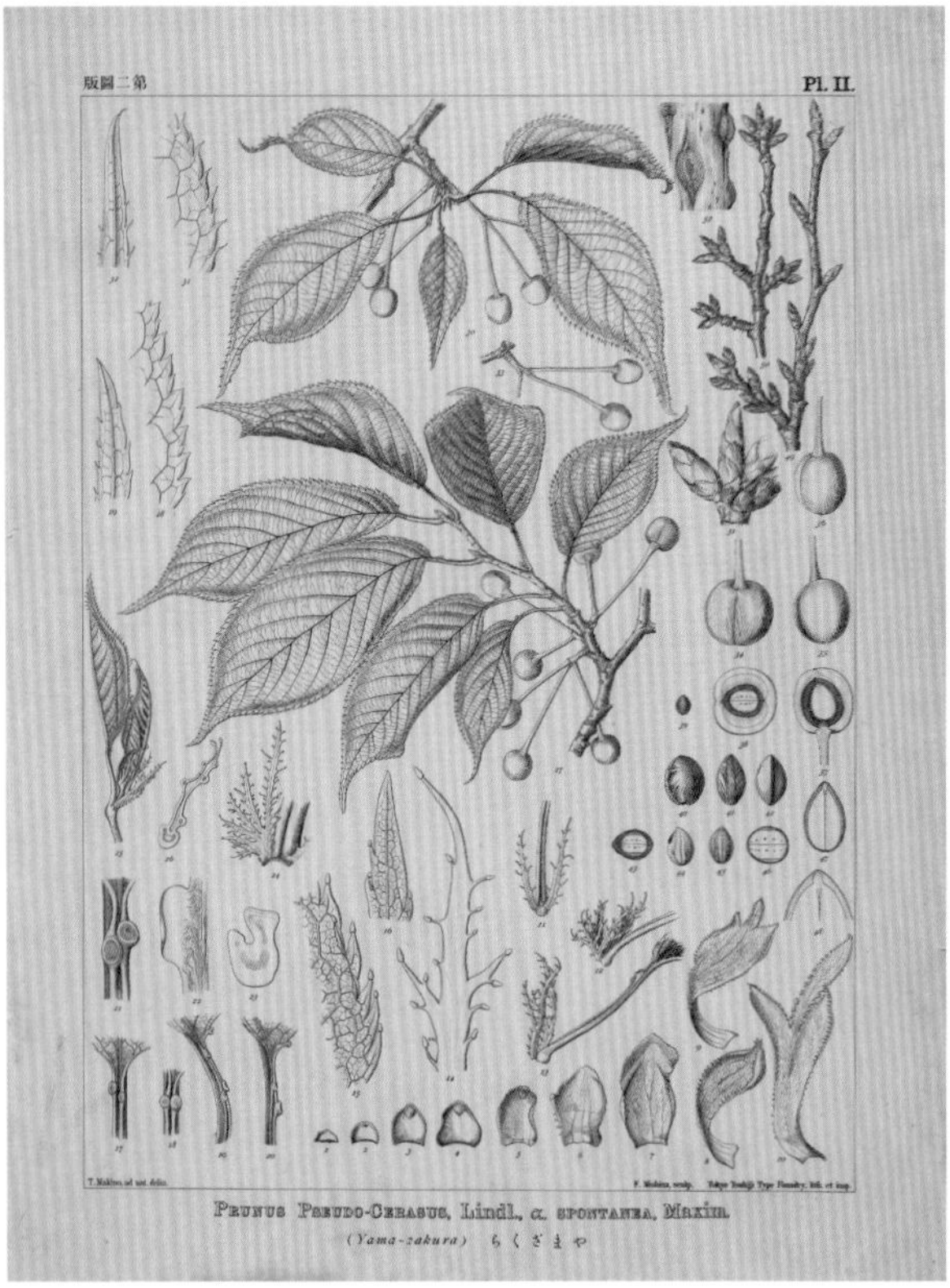

《ヤマザクラ》
『大日本植物志』第1巻第1集第2図版
明治33年（1900）　高知県立牧野植物園

『大日本植物志』の編纂に取り組む

『大日本植物志』は、第1集が明治33年（1900）、第2集が明治35年（1902）、第3集が明治39年（1906）、第4集が明治44年（1911）にそれぞれ出版された。10種の植物についての解説と図からなり、図版が全部で16点ある（サクユリの写真1点を含む）。

第15図版までが単色の石版印刷で、第11図版までは銅版を作製してから石版印刷を行ったものである。最後の第16図版は多色刷。表紙には東京帝国大学理科大学植物学教室編纂とあるが、個々の植物の解説文も、掲載される各図も牧野によるものである。自叙伝に、「後には幾枚かのその原図を写生図に巧みで、私の信任する若手の画工に手伝わした事もあった」と書かれたように、第4集の図には描き手として牧野の名とともに「T・Y」というイニシャルが記される。これは山田壽雄《としお》のこととされる。

自叙伝には、『大日本植物志』の編纂にいどむ牧野の熱い思いが語られている。すなわち、牧野はこの事業に一生を捧げるつもりであり、日本にはこれぐらいすごい仕事をする人がいるぞということを世界に示したいという気概で臨んだのであった。(T)

牧野の言葉（『牧野富太郎自叙伝』より）

「わが日本の植物各種を極めて綿密に且つ正確に記載し、これを公刊して書物となし、世界の各国に出し、大いに日本人の手腕を示して、日本の学術を弘く顕揚し、且つ学界へ対して極めて重要な貢献をなし得べきものを準備するにある。つまり各国人をアットいわせる誇りあるものを作りたいのだ」

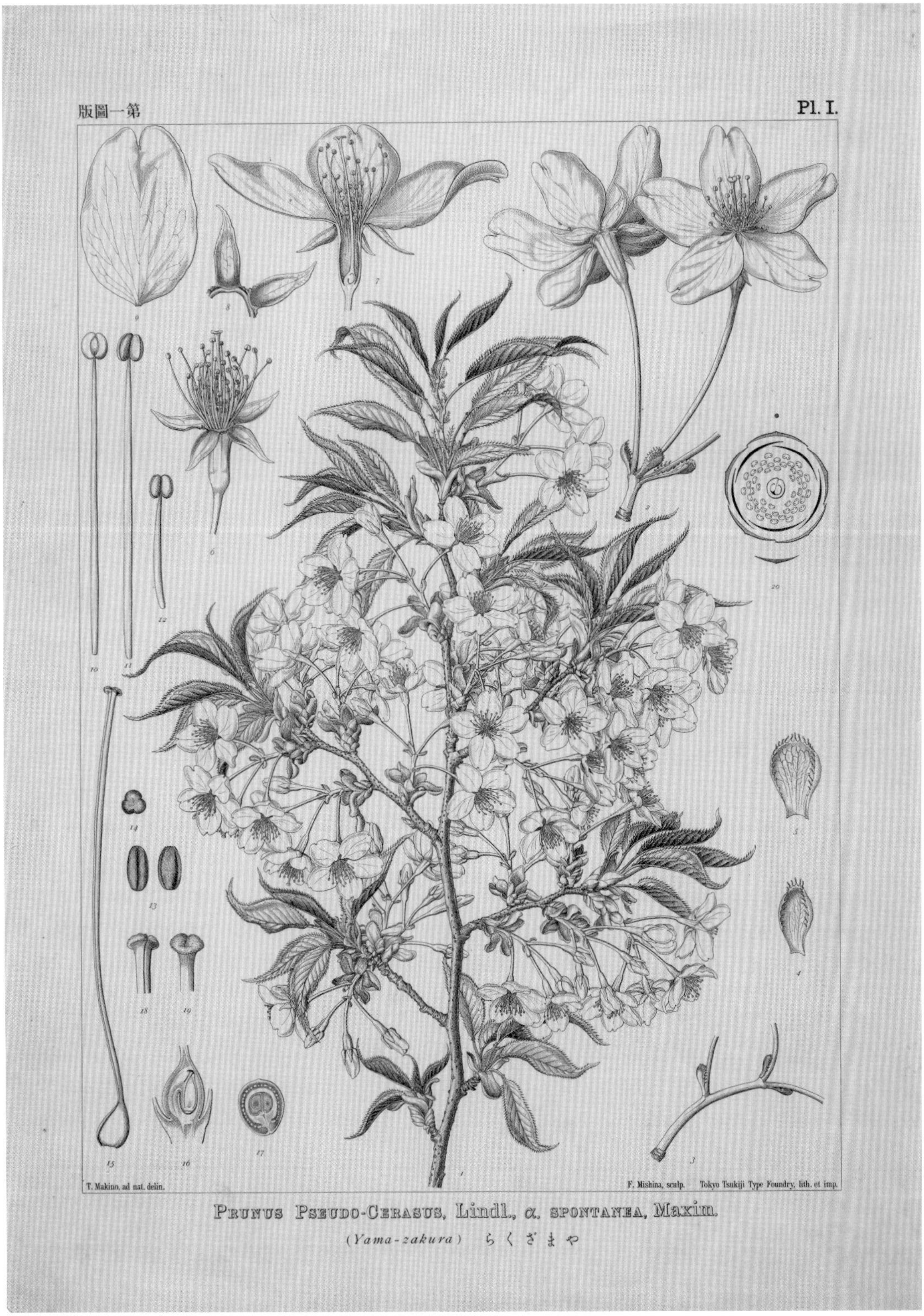

《ヤマザクラ》
『大日本植物志』第1巻第1集第1図版
明治33年(1900)
高知県立牧野植物園

ヤマザクラはバラ科サクラ属の落葉高木。春に新葉とともに花をつける。新葉は赤みを帯びた茶色で、淡いピンク色の花とのコントラストが美しく、古くから花見の対象とされたのはこのヤマザクラである。牧野はヤマザクラを2枚の図版を使って描写している。この開花期の図版は中央に満開の花の枝、周囲に各部の拡大図や花式図を、果実期の図版は果実をつけた枝2本とともに、冬芽や葉、果実の拡大図を一面に描き込んだものとなっている。(1)

《オオヤマザクラ》
『大日本植物志』第1巻第4集第15図版
明治44年(1911) 個人蔵

オオヤマザクラはバラ科サクラ属の落葉高木。北海道、本州、四国に生育し、南千島、樺太にも分布する。ヤマザクラやカスミザクラに似るが、花はやや濃いピンク色で、比較的高い山に生える。『大日本植物志』第1巻第1集のヤマザクラと異なり、1枚の図版に開花期と果実期を表している。花をつけた枝を主役とし、葉や果実、各部の拡大図をバランスよく配置した、牧野と山田壽雄(48頁)との共作である。(I)

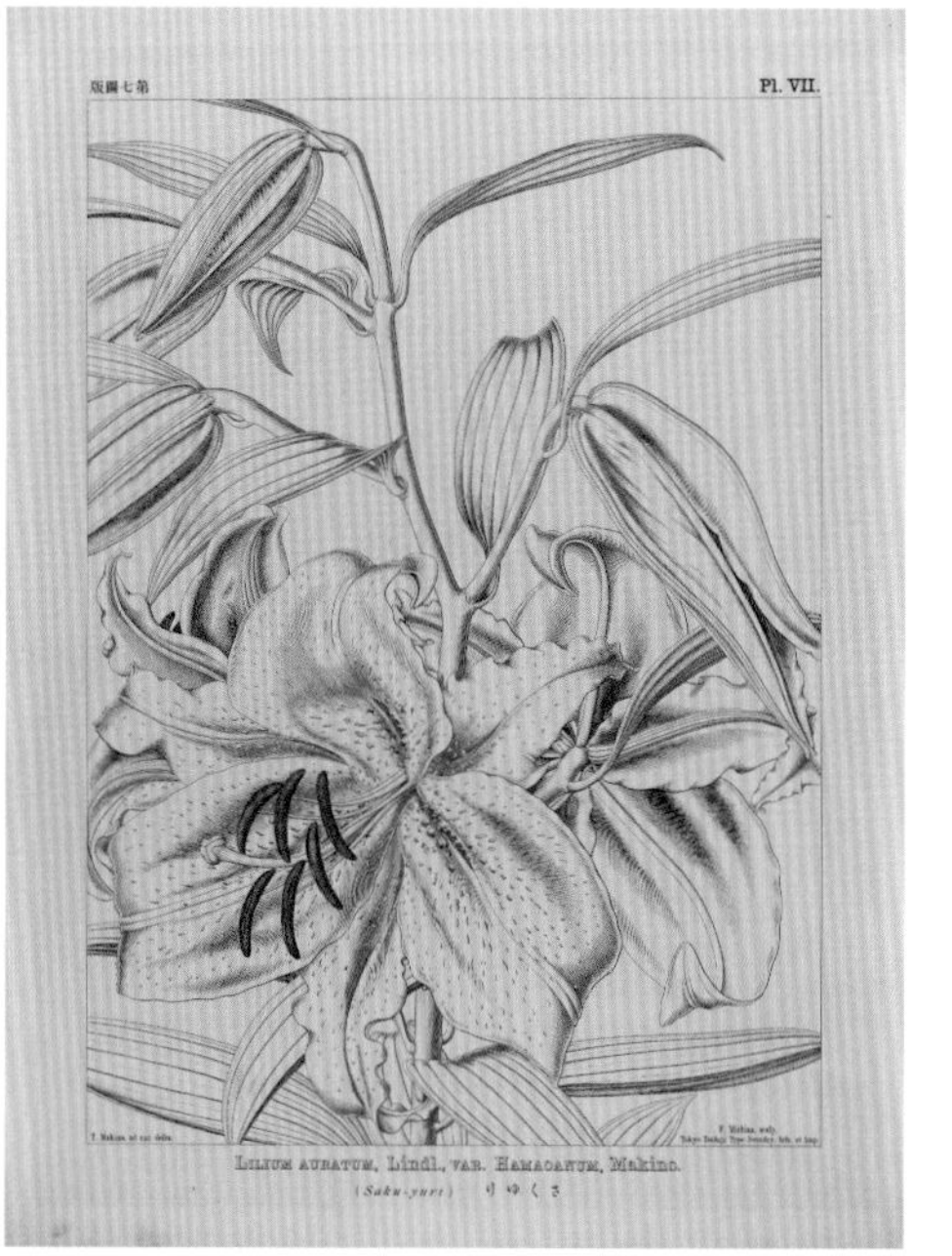

《サクユリ》
『大日本植物志』第1巻第2集第7図版
明治35年(1902) 高知県立牧野植物園

サクユリは伊豆諸島に分布するユリ科の多年草で、しばしば溶岩荒原に生える。ヤマユリの変種とされるが、草丈も花も大型で、花被片には褐色の斑点がほとんどない。源為朝にちなみ、タメトモユリの別名をもつ。牧野は『牧野日本植物図鑑』(1940)の中でサクユリについて、「本邦産ゆり属中ノ王ナリ」と述べている。『大日本植物志』の牧野の絵は、サクユリの豪壮さを充分に描ききったものとなっている。(I)

牧野は、『大日本植物志』を編纂するにあたり、以下のことを目標に定め実行していった。

・植物図が極めて詳細かつ正確で世界的に見て無比なものであること
・植物の全姿のみならず花のつくりや果実などの部分図や解剖図も極めて精密に描くこと
・描画の技術も極めて優秀なものとし、図版の大きさを大形にすること
・図は実物から忠実に写して実物とほとんど違わないこと

出来上がった図は、非常に精密で、中央に全形図があってその周囲を埋め尽くすかのように部分図が配置されるが、破綻なくむしろバランスのとれた美しさを感じさせるものであった。また、花の時期や果実の時期など植物の異なる成長段階を示した図を用意して一年の変化をたどることが出来るようになっている。描かれる植物は、より多くの個体を観察することでその種の標準的な姿を図示しようとしたものである。こうしたことが可能になるためには、より適切な材料を入手する必要があり、その労力も並大抵のものではなく、かなりの時間を要したことと思われる。(T)

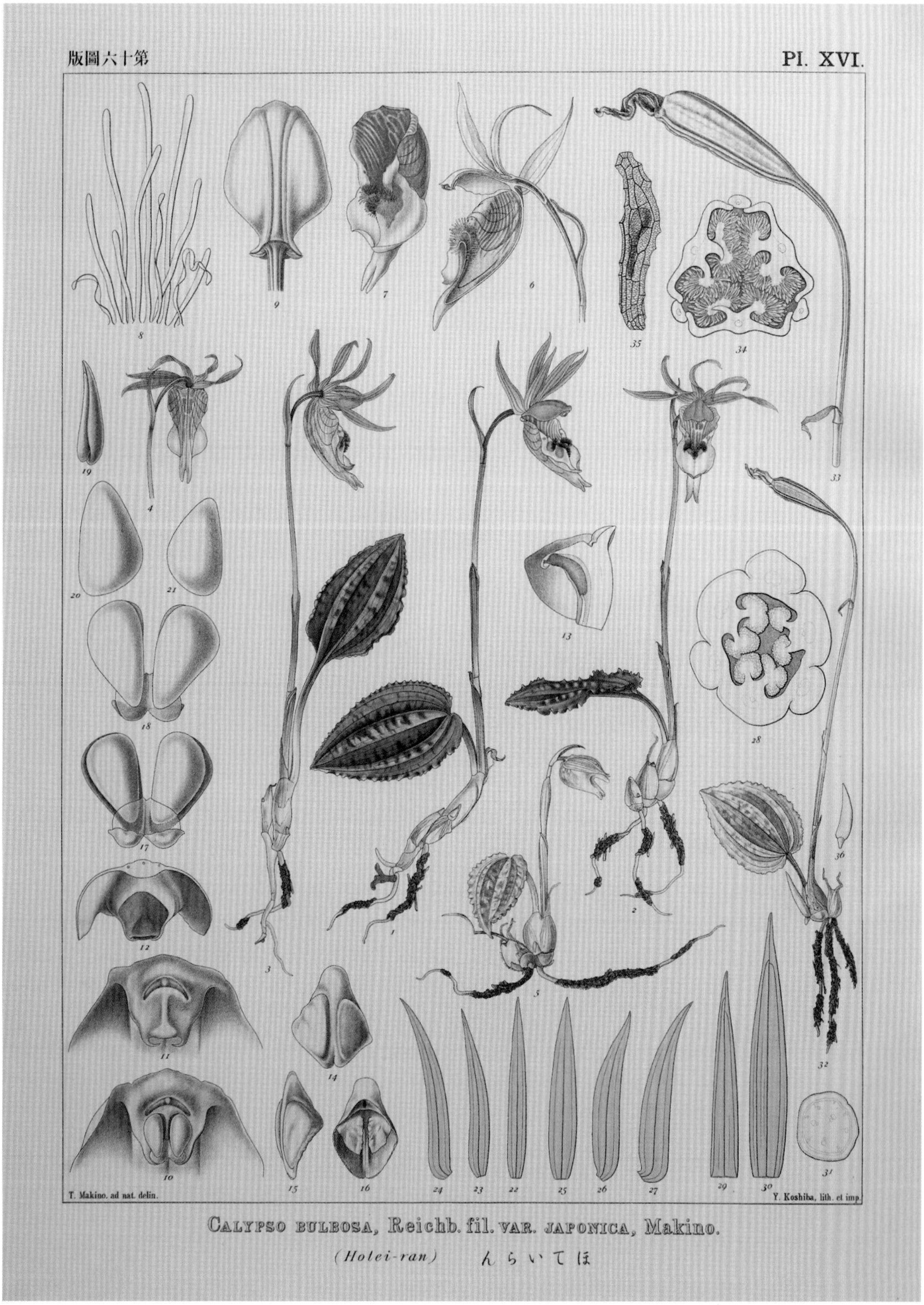

《ホテイラン》
『大日本植物志』第1巻第4集第16図版
明治44年（1911）　個人蔵

ホテイランは木州（中部地方）の針葉樹林の林床に生えるラン科の多年草。地面近くに葉を1枚広げ、高さ6〜15 cmの花茎を伸ばす。花茎の先に体に似合わぬ大きな薄ピンク色の花を1個つける。唇弁は袋状に膨らみ、その形を七福神の布袋の腹に見立てて和名がついた。『大日本植物志』のホテイランの図は、花をつけた3つの個体の周囲に部分図をびっしりと並べたもので、この出版物の中で唯一彩色が施されている。(I)

特集

牧野式植物図

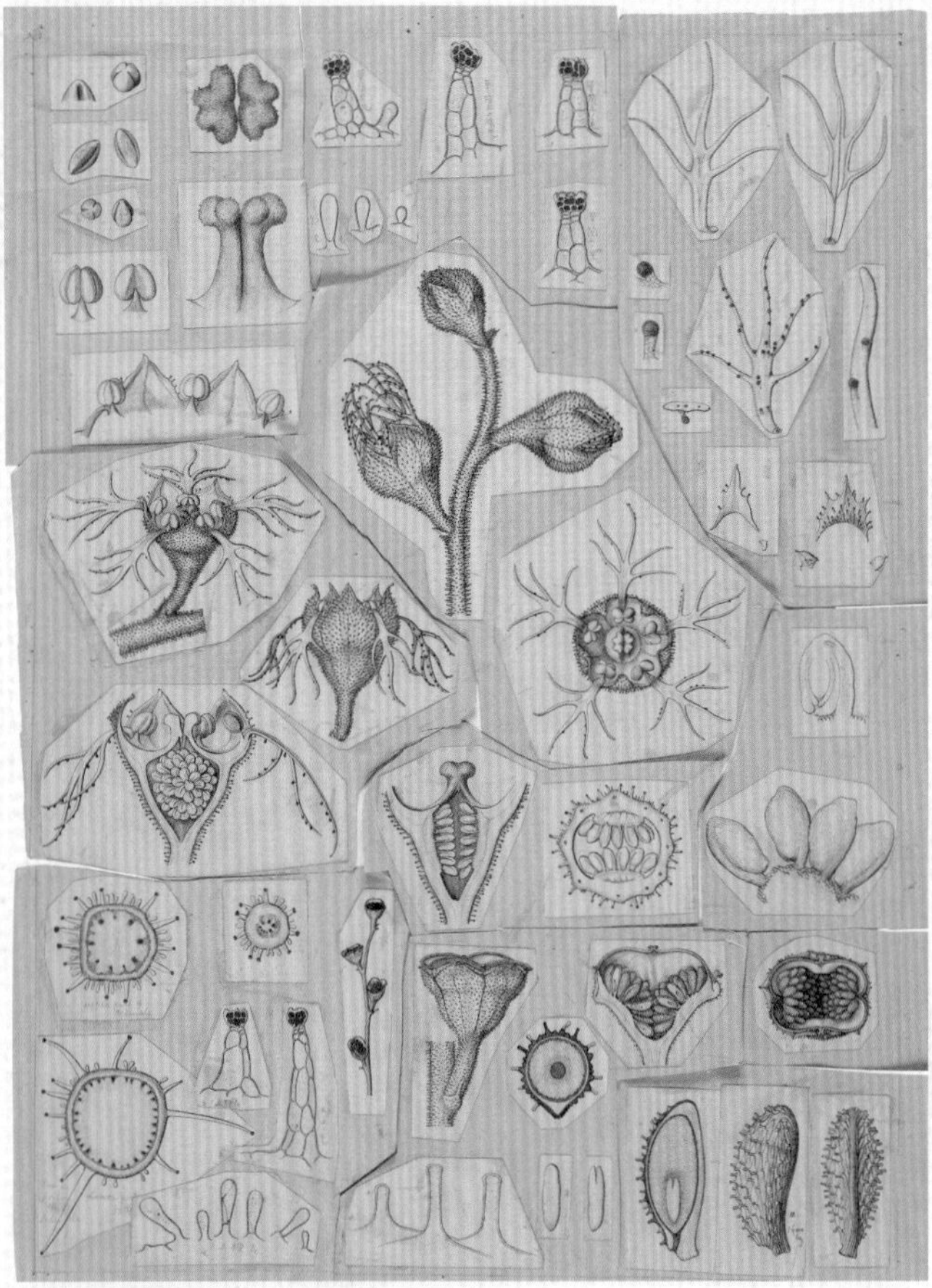

チャルメルソウ原図（部分図）

高知県立牧野植物園

「百聞は一見にしかず」というが、牧野は植物の名前を知るには絵と照らし合わせるのが一番早いと考えた。『学生版 牧野日本植物図鑑』（1951）の序文でも「植物図鑑の生命は全く図版にある。いかに精細な説明文を読んで見るよりも描写された図と実物とをあてはめるのが第一である」と記して、植物図の大切さを示している。

しかし、もってきた植物を漫然と描いただけでは図鑑や科学的研究のための植物図にはならない。同定や研究のために必要な部分を、適切な角度から正確に描く必要がある。そのためには、描こうとする植物に対する深い理解が必要となる。また、情報量は多ければ多いほど役立つことから、牧野が描く植物図は画面全体に全体図・部分図が稠密《ちゅうみつ》に配置され、ときには2枚に分けて描写されることもあった。

ここに掲載した図は、『大日本植物志』第1巻第2集（1902）に収載されたチャルメルソウの原図である。図は2枚あり、1枚は中央に全形図を配しその周囲に葉や茎、毛の拡大図を配し、もう1枚には花や果実、種子の部分図を並べたものとなっている。それぞれの図を切り貼りし、使えるスペースをできるだけ有効に使おうとしていることが分かる。

ところでこの図は、現在の分類ではシコクチャルメルソウ *Mitella makinoi* H.Hara とされるものである。部分図の右下に種子表面の突起が描かれ、この植物がシコクチャルメルソウであることを示している。『植物研究雑誌』第14巻（1938）でシコクチャルメルソウを記載した原《はら》 寛《ひろし》（1911～1986）は、記載の際にこの図も引用しており、牧野の図の科学的正確さを示すものといえる。（I）

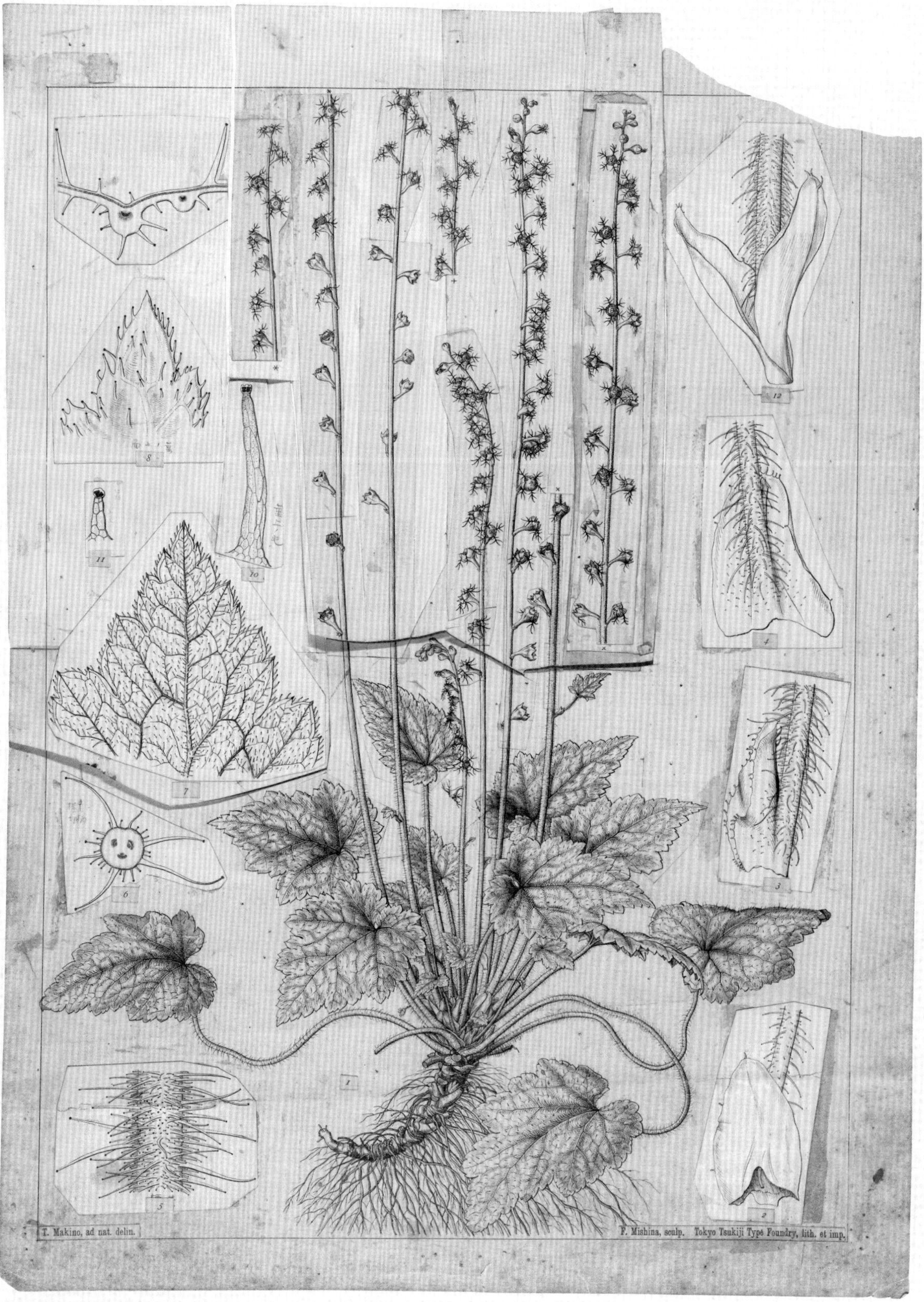

チャルメルソウ原図　（全形図） 高知県立牧野植物園

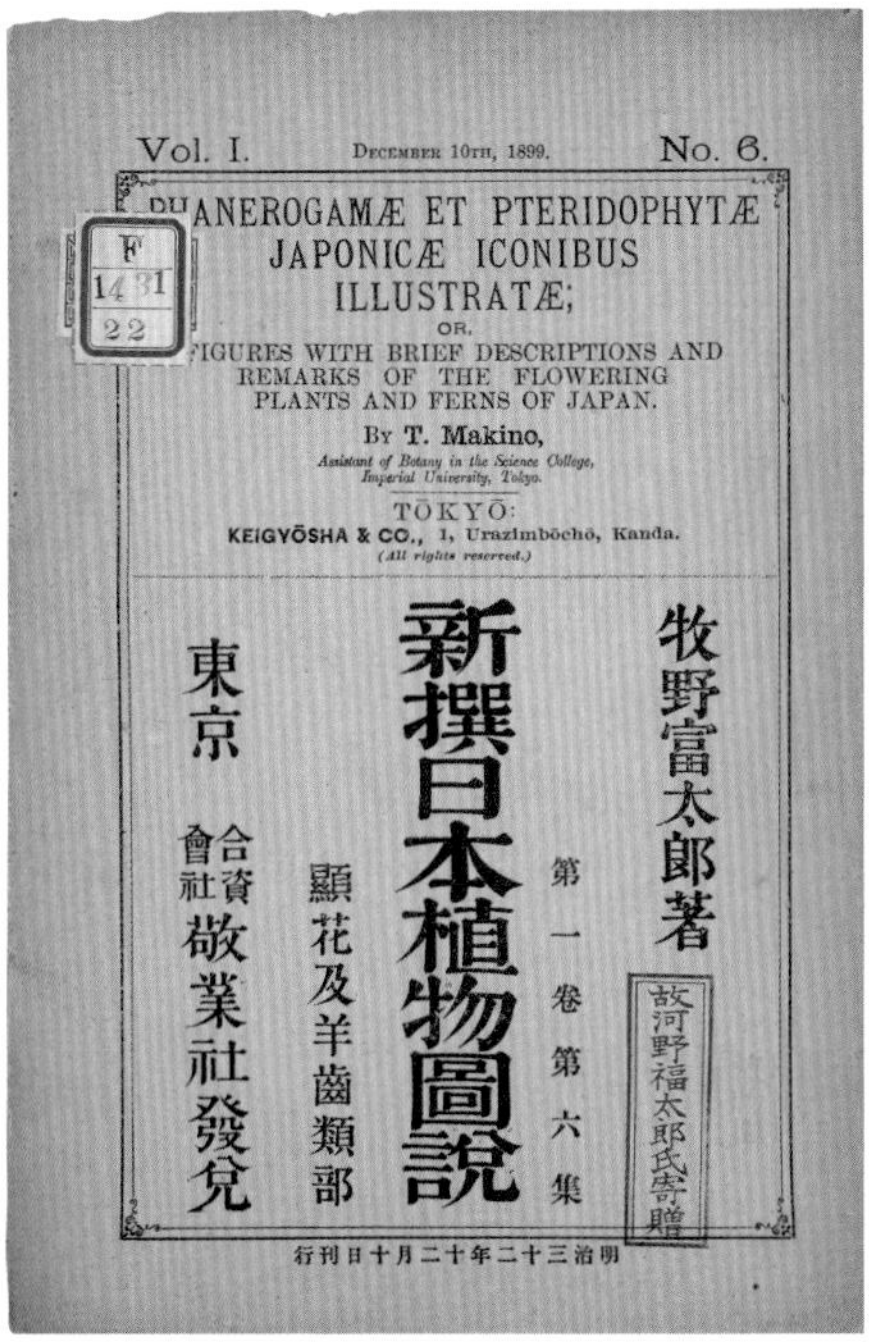

『新撰日本植物図説』第1巻第6集
明治32年（1899）　小石川植物園

『新撰日本植物図説』なども刊行

『新撰日本植物図説』

牧野は、明治32年（1899）に『新撰日本植物図説』を刊行する。これは明治21年（1888）から同24年（1891）にかけて刊行した『日本植物志図篇』に続く、日本産の植物を精緻な図で表した図譜であった。ただし『日本植物志図篇』とは異なり、図だけではなく、日本語による形態の記述を伴ったものであった。

この出版に関わる事情については、自叙伝に牧野は以下のように述懐している。「大学の助手時代初給十五円を得ていたが、何せ、如何に物価が安い時代とはいえ、一家の食費にも足りない有様だった。月給の上がらないのに引換え、子どもは次々に生れ、十三人も出来た。財産は費い果し一文の貯えもない状態だったので、食う為に仕方なく借金もしなくてはならず、毎月そちこちと借りる内に、利子はかさんでくる。（中略）こうした生活の窮状を救い、一方は学問に貢献しようとして新撰日本植物図説を刊行した」つまり、牧野は世界に通用する図譜の刊行と自分の生活の安定の「一石二鳥」を図って『新撰日本植物図説』を世に出したのであった。

『新撰日本植物図説』は明治34年（1901）までに第1

巻第12集、第2巻第8集まで刊行され、全部で100枚の図が掲載された。図説に対する評価は高かったものの、経済的には当初の目論見のようにはいかなかったようで、自叙伝には続けて、「然しこの書籍も私の生活を救うことにはならなかった」と書かれている。(I)

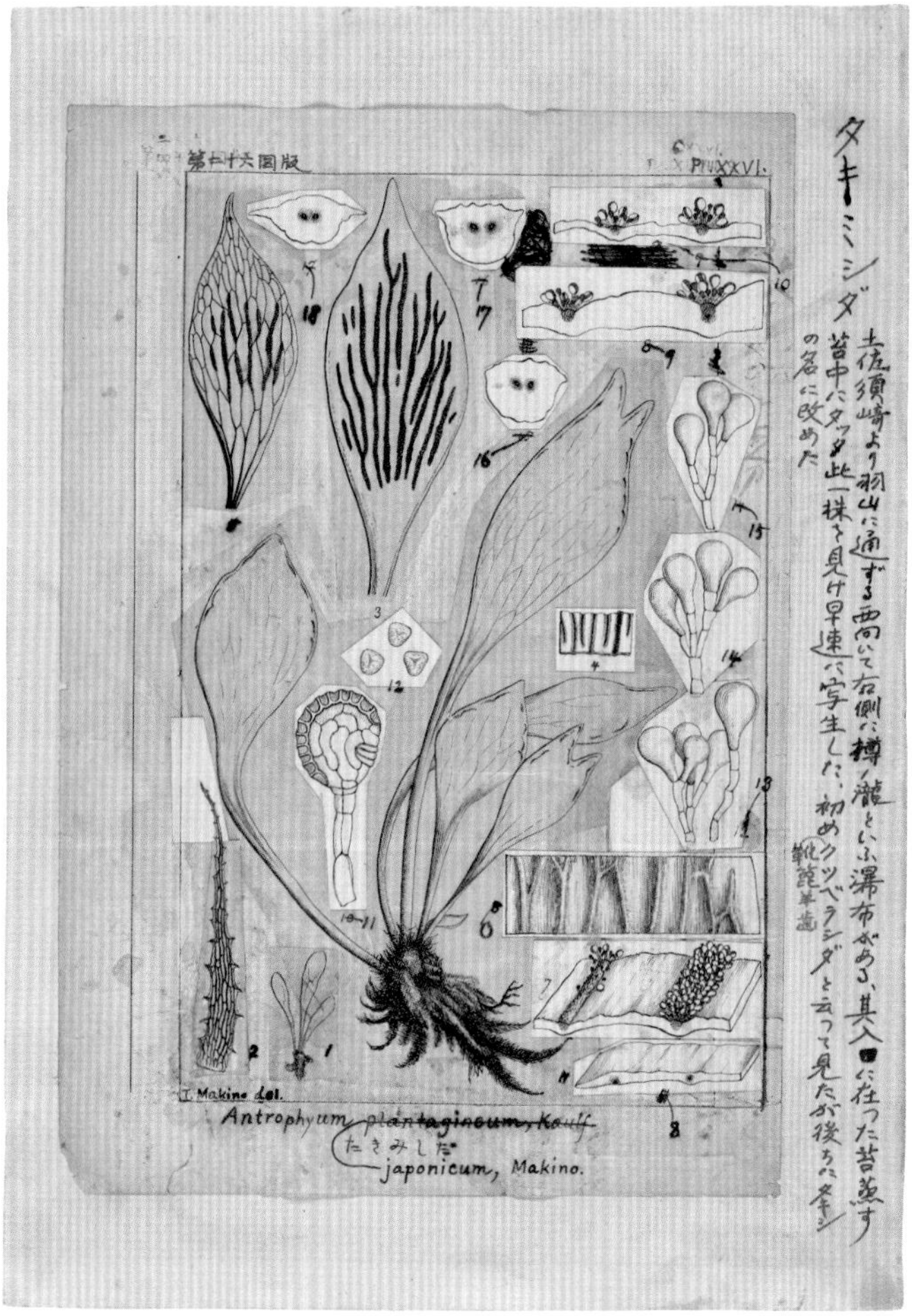

《タキミシダ》[右頁]
『新撰日本植物図説』 第1巻第6集26図版
明治32年(1899) 小石川植物園

タキミシダは湿った岩の上などに生える着生のイノモトソウ科のシダ類。本州(千葉県以西)から四国・九州にかけて分布する。牧野は明治17年(1884)に樽の滝(高知県須崎市)でこのシダを発見・採集し、スケッチをした。『新撰日本植物図説』にタキミシダを掲載するにあたり、その時のスケッチをトレースした図を中心に配置し、周辺に各部の詳細図を添えている。和名は「滝見シダ」の意であるが、命名には苦労したようで、原図には、「初め クツベラシダと云って見たが後ちに タキシ(ミ)の名に改めた」と記されている。また、「ヘビノサジ」という名を準備したこともある。(I)

《タキミシダ》原図
高知県立牧野植物園

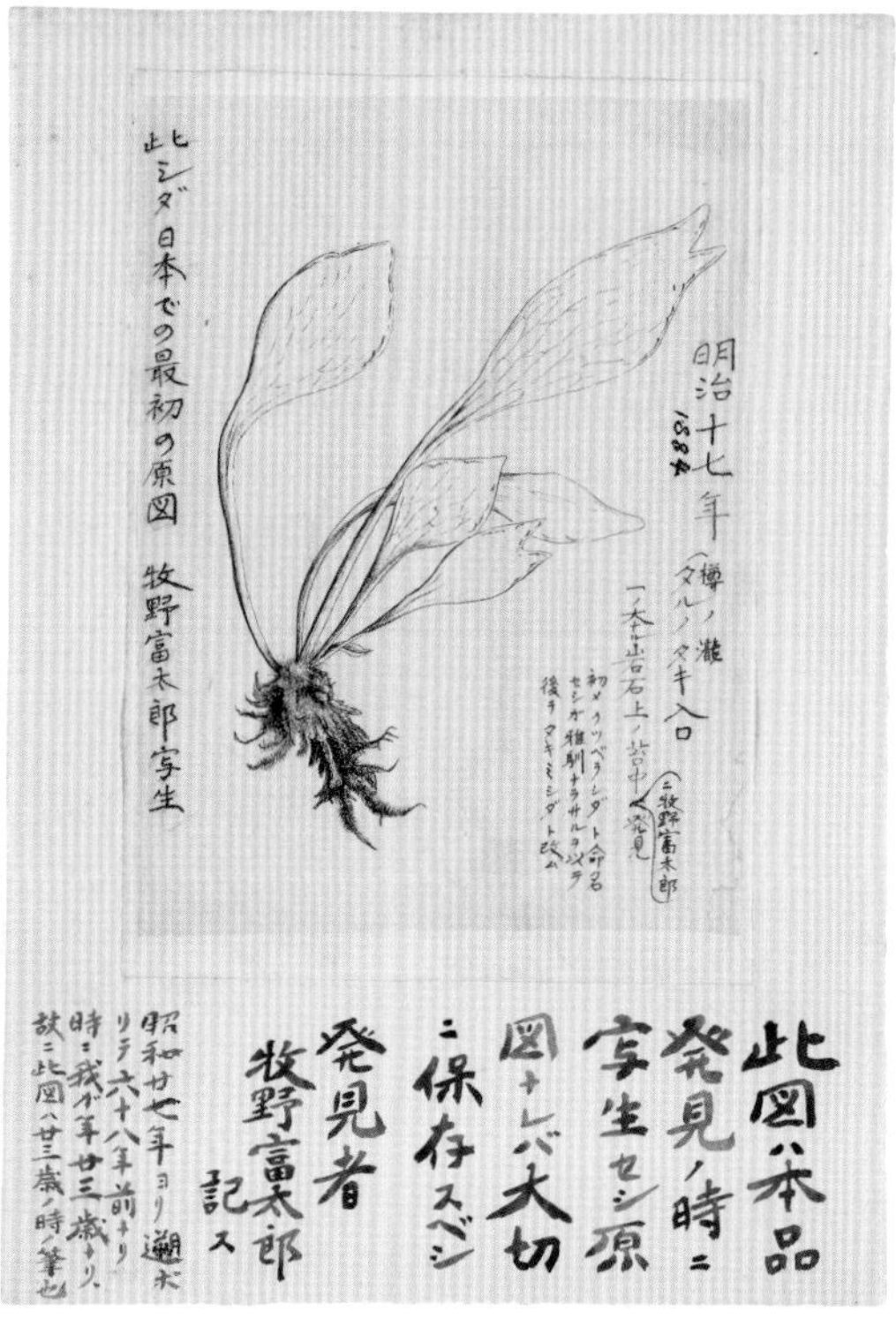

《タキミシダ》準備図
明治17年(1884)
高知県立牧野植物園

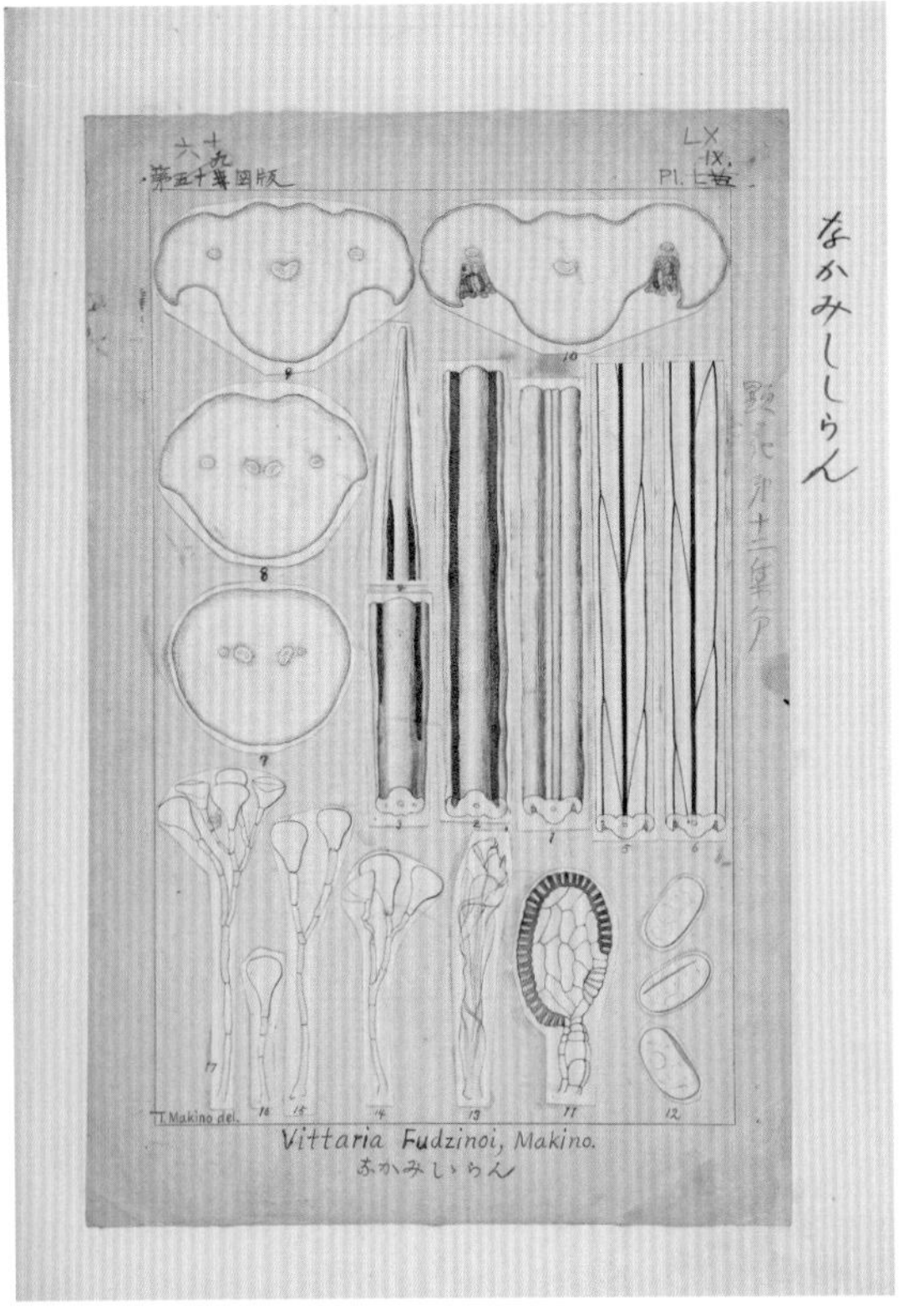

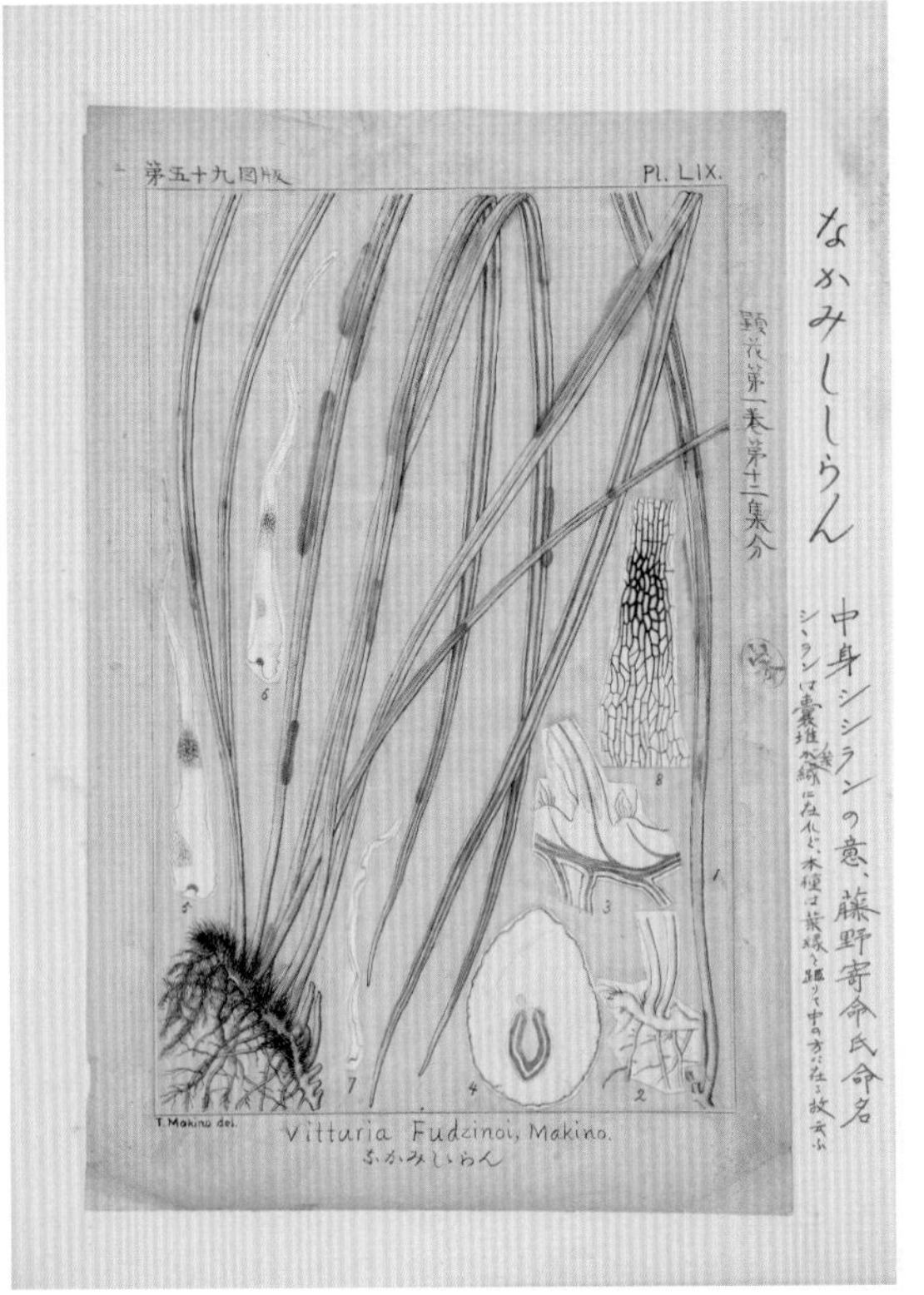

《ナカミシシラン》原図
高知県立牧野植物園

ナカミシシランは関東以西に稀に生育するイノモトソウ科の常緑性多年草。湿った岩や木の幹に着生する。シシランに似るが、シシランが葉の表面の中肋の溝が1本なのに対し、ナカミシシランは不明瞭な溝が2本あることで区別される。牧野はナカミシシランに *Vittaria fudzinoi* Makino という学名をつけて発表した後、『新撰日本植物図譜』第1巻第12集（1901）では2枚に分けて詳細に図示している。（I）

『日本禾本莎草植物図譜』『日本羊歯植物図譜』

『日本禾《か》本《ほん》莎草《しゃそう》植物図譜』（1901〜1903）と『日本羊歯《しだ》植物図譜』（1901〜1903）は、『新撰日本植物図説』や『大日本植物志』を刊行しているなかで刊行された図譜である。「図譜」とはいえ、この2冊は線画ではなく、標本写真を掲載したものである。「禾本莎草植物」とは、イネ科やカヤツリグサ科などの単子葉類、「羊歯植物」とはシダ植物のことである。これらの植物は、見た目が似ている割には種数が多く、正確な種名を特定（同定）することが難しい仲間である。牧野はこれらを、当時日本で普及が始まった写真（ガラス乾板）により撮影し、牧野曰く「真形」を示そうとしたのである。撮影には、牧野が採集し調整した標本が用いられた。

牧野は究極的には日本産のイネ科、カヤツリグサ科およびシダ植物の全ての種を提示しようと企図していたが、『日本禾本莎草植物図譜』では40図版21種、『日本羊歯植物図譜』では28図版24種を掲載して中断となった。図版数に比して種数が少ないのは、ここでも牧野特有のこだわりが発揮されているためで、タケ・ササ類の花が珍しいためか、メダケに8枚、ハチクに6枚、マダケに5枚、モウソウチクに4枚の紙幅を費やしている。この調子では、いつまでたっても完成はおぼつかなかったであろう。（I）

《モウソウチク》
『日本禾本莎草植物図譜』
第1巻第10集第38図版
明治36年（1903）　小石川植物園

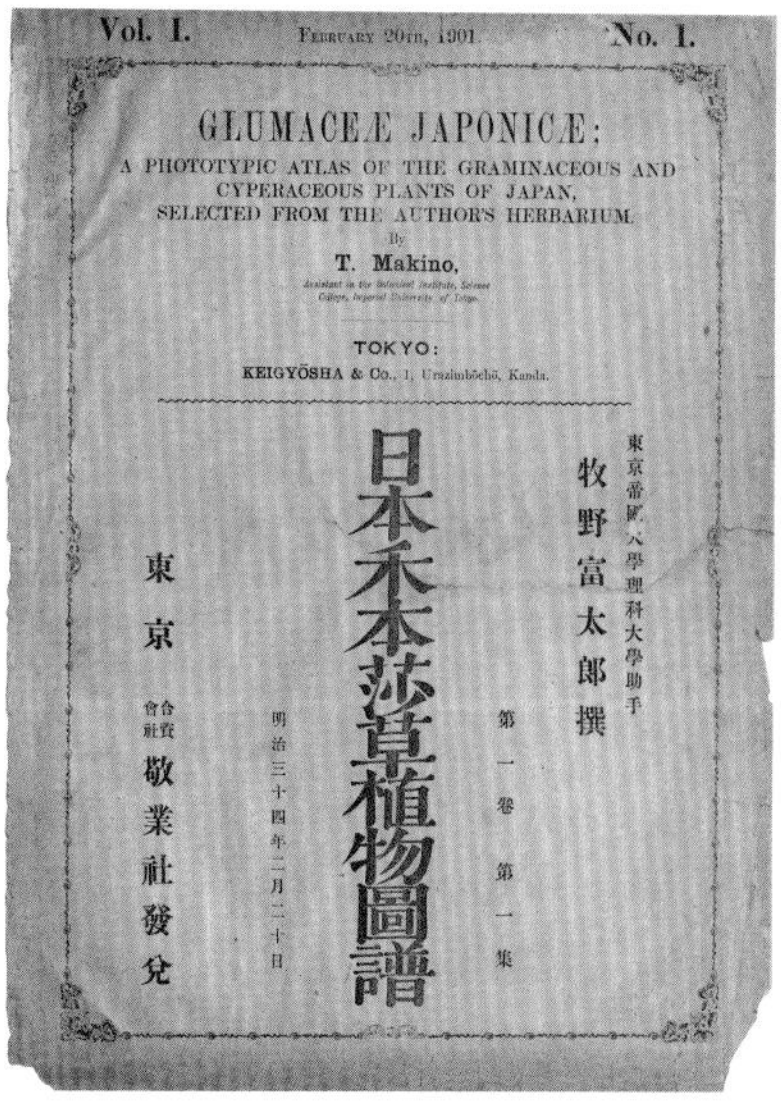

Vol. I.　February 20th, 1901.　No. 1.

GLUMACEÆ JAPONICÆ:
A PHOTOTYPIC ATLAS OF THE GRAMINACEOUS AND CYPERACEOUS PLANTS OF JAPAN,
SELECTED FROM THE AUTHOR'S HERBARIUM.
By
T. Makino,
Assistant in the Botanical Institute, Science College, Imperial University of Tokyo.

TOKYO:
KEIGYŌSHA & Co., 1, Urazimbōchō, Kanda.

東京帝國大學理科大學助手
牧野富太郎撰
第一巻第一集
日本禾本莎草植物圖譜
明治三十四年二月二十日
東京
合資會社敬業社發兌

『日本禾本莎草植物図譜』
第1巻第1集
明治34年（1901）

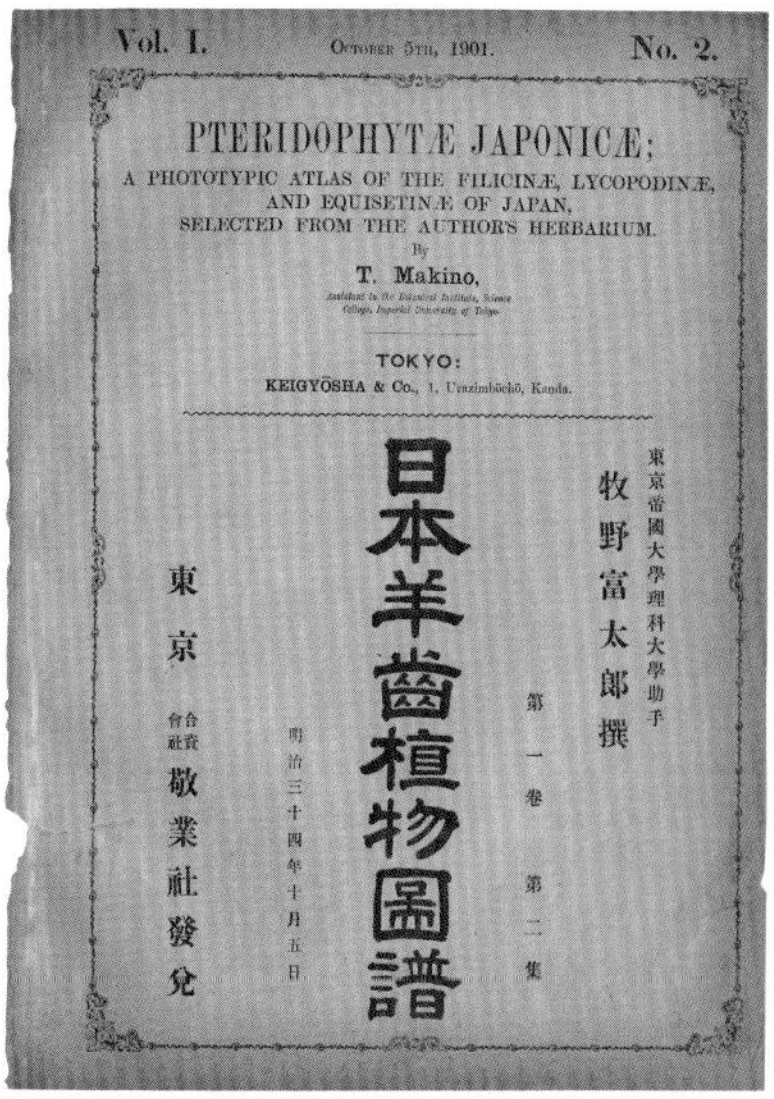

Vol. I.　October 5th, 1901.　No. 2.

PTERIDOPHYTÆ JAPONICÆ;
A PHOTOTYPIC ATLAS OF THE FILICINÆ, LYCOPODINÆ, AND EQUISETINÆ OF JAPAN,
SELECTED FROM THE AUTHOR'S HERBARIUM.
By
T. Makino,
Assistant in the Botanical Institute, Science College, Imperial University of Tokyo.

TOKYO:
KEIGYŌSHA & Co., 1, Urazimbōchō, Kanda.

東京帝國大學理科大學助手
牧野富太郎撰
第一巻第二集
日本羊歯植物圖譜
明治三十四年十月五日
東京
合資會社敬業社發兌

『日本羊歯植物図譜』
第1巻第2集
明治34年（1901）

《チャセンシダ》　『日本羊歯植物図譜』
第1巻第2集第8図版　明治34年（1901）　小石川植物園

山田壽雄と出会う

山田壽雄《としお》（1882〜1941）は、牧野富太郎の指導のもと植物図の制作に一生を捧げた画家である。昭和16年（1941）に59歳で亡くなったときは、訃報が『植物分類，地理』第10巻第2号（1941）に掲載されている。その記事には、山田を評して、「牧野翁の流を汲みし植物科学図の大豪」と記された。牧野の植物図はその緻密さかつ詳細さでもって他の追随をゆるさないほどレベルの高いものであるが、その流れを汲むという表現は、山田にとって最高の賛辞であったはずである。

山田の画歴について詳細は不明であるが、絵が好きで独学で描画の技を習得していったと思われる。牧野との出会いがいつとは断定できないが、残されている植物図などを手がかりにすると、明治30年代後半ではないかと考えられる。明治43年（1910）には『植物学雑誌』に二人の共作の図が載り、『大日本植物志』の第4集（1911）にも共作の図が収められた。

高知県立牧野植物園には、牧野が山田に描かせた植物図が多数収蔵される。それらは、単色の線画が多いが、きめ細かく着色された図も含まれる。着色図は、牧野が『牧野日本植物図鑑』（1940）を刊行したころに、着色図で出したいと抱負を語った『日本植物図説』（未完）のために用意された、山田の晩年の作と思われる。（T）

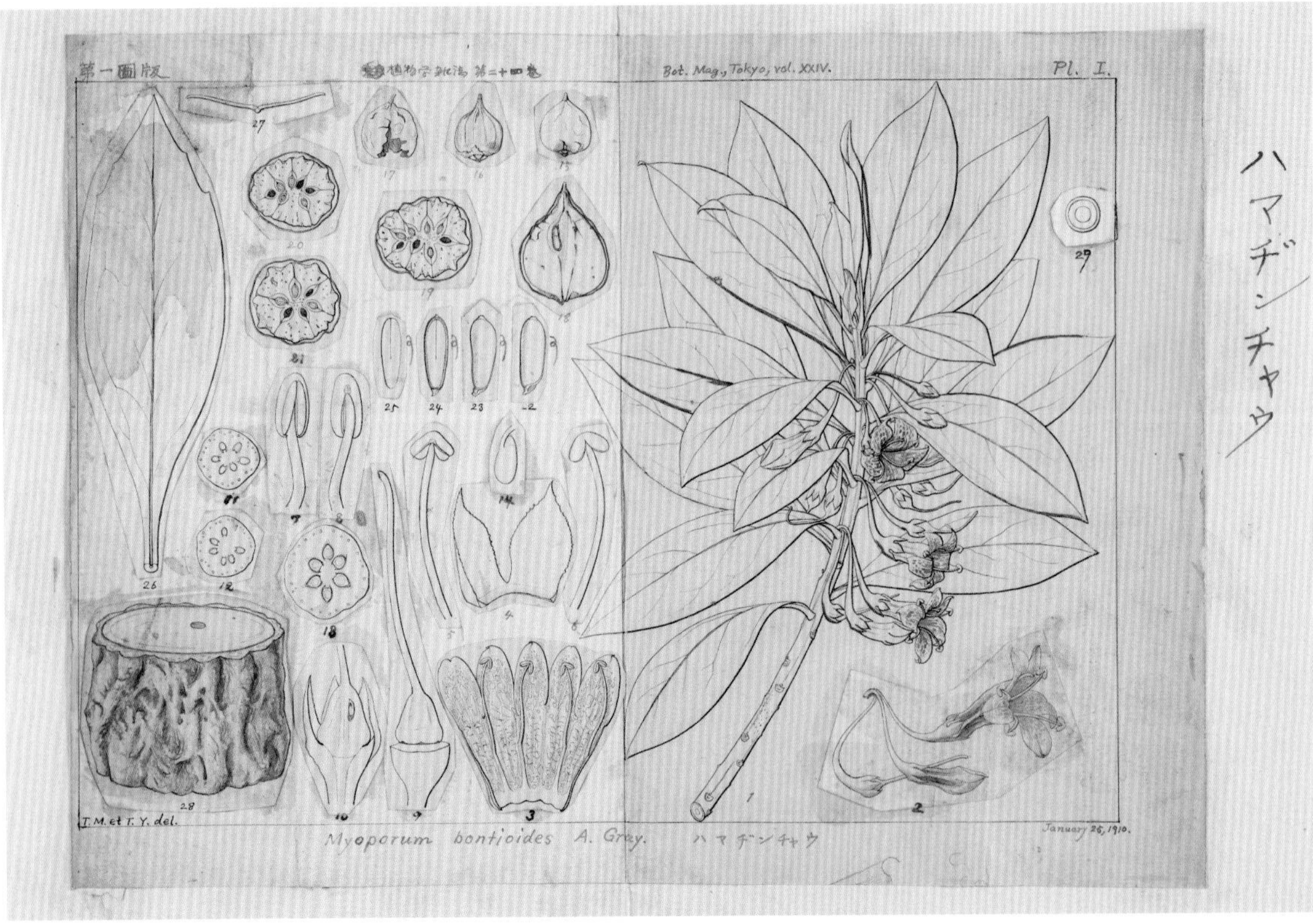

《ハマジンチョウ》原図
高知県立牧野植物園

ハマジンチョウは南方系の植物で、日本では本州（三重県）、九州・沖縄の海岸に生える常緑小低木。和名は「浜に生える沈丁花」の意であるが、ジンチョウゲとの類縁は遠い。牧野は明治43年（1910）発行の『植物学雑誌』第24巻第276号でハマジンチョウの報告をしているが、同時に掲載した図には作画者を「T. M. et T. Y.」（牧野と山田）としている。この図が山田の名が初めて世に出た図と考えられる。（T）

《金華マンサク》

山田壽雄　昭和15年(1940)
高知県立牧野植物園

牧野の日記によれば、昭和15年（1940）3月に岐阜からのマンサクの花枝を山田に渡し作画させている。本図は、そのときのものではないかと考えられる。金華山はかつて稲葉山と呼ばれ、岐阜市内にある山である。この頃牧野はマンサクの仲間に興味を抱いたようで、自らもニシキマンサクやアカバナマンサクの図をつくった。(T)

《アオバナアオキ》

山田壽雄
高知県立牧野植物園

図の傍らに書かれた植物名の下に「大泉」とあるので、自邸に植えられていた個体を描いたものかもしれない。アオキの花弁は褐紫色であるが、普通のアオキと異なる色の花をつけることから、アオキの変種として牧野が命名したと見られる。(T)

「櫻花図譜」編纂

牧野富太郎は、サクラの花が好きであった。大泉の自宅の庭にも、何種類かのサクラを植えて大切にしていた。その牧野が、大正年間に「櫻花図譜」を編纂しようと企画したことはまったくと言っていいほど忘れ去られている。牧野が、晩年に回想してこの図譜について語らなかったならば、後世知ることはなかったであろう。回想談は、昭和24年（1949）に米寿を迎えた牧野を祝って『植物研究雑誌』が組んだ特集号に載る。

未完に終わったこの図譜は、東京国立博物館に所蔵されている。牧野は、同館の前身である東京帝室博物館の天産課に明治40年（1907）から大正14年（1925）まで植物調査の嘱託として勤務した。館内や上野公園で様々な種類のサクラと出会って大いに興味を抱いたようである。『大日本植物志』のオオヤマザクラの図（第15図版・40頁）も館内にあったサクラを描いたものである。また、サクラの名所として知られる荒川堤で調査を行い、サクラの標本を製作した。それらの標本は、国立科学博物館に収蔵されている。

さて、「櫻花図譜」は16図制作されたものである。牧野の指導のもと山田壽雄が描いた。おそらく牧野が適切な枝を選びに選んで、山田に渡したのであろう。花や実の時期をちょうど狙ってその場所に行き、入手するのはなかなか難しい。逃せば翌年である。牧野が記した「櫻花図譜編纂大綱」によれば、当初の目標は約90の図をつくる予定であった。16図しか現存していないということは、いかに遂行するのが困難であったかと思わざるをえない。また、山田の着色図は寸分の隙間もないほど密に色がつけられている。1枚の図を仕上げるのにかなりの時間を要したことであろう。

16図のうち、ソメイヨシノ、ミネザクラ、ナラヤエザクラの図は、大正14年～15年（1925～1926）に印刷されたが、一般に広まることはなかったようである。(T)

《なでん（南殿）》
山田壽雄
東京国立博物館　image: TNM Image Archives

「南殿」は「高砂」と同一とされる里桜のひとつで、淡紅色で半八重の花を咲かせる。牧野は明治45年（1912）発行の『植物学雑誌』において、このサクラに *Prunus Koidzumii* Makino と学名を与えたが、その記載（形態の記録）には4ページもの紙面を費やしている。牧野の自叙伝によると、当時の東大植物学教室教授の松村任三は、牧野の記載を「牛の小便のようにだらだらと長い」と酷評したという。(I)

《ソメイヨシノ》
山田壽雄
東京国立博物館
image: TNM Image Archives

現在、全国で花見に供される桜の多くはこのソメイヨシノである。ソメイヨシノはオオシマザクラとエドヒガンとの雑種起源で、江戸時代末に染井（現在の東京都豊島区）で作出されたとされる。枝いっぱいの花を吉野山（奈良県吉野町）の桜になぞらえ「染井吉野」の名がつけられた。ソメイヨシノの学名のもととなった個体は小石川植物園にあるが、牧野が山田に描かせたソメイヨシノは上野公園のものであろうか。(I)

牧野富太郎が詳細にかつ緻密に描画した植物図は、後世にどのような影響を及ぼしたのであろうか。それを知る手掛かりとして、昭和33年（1958）に結成された日本理科美術協会が開催した第1回理科美術展がある。これは、牧野が逝去した2年後の昭和34年（1959）に、東京の池袋三越で行われた。その展覧会に、会員の作品とは別に、特別出品として牧野富太郎の図が展示されたのである。また、遺作出品として6作品の展示があったこともその時のパンフレットから分かるが※、その1作品が山田壽雄によるものである。同会は、教科書や図鑑などに掲載される、科学に関連した図を提供する画家たちが、自分たちの仕事を広く知ってもらい、自分たちの著作権を確立するために結成した会である。

「理科美術」とは、理科関係の絵画を総称する意味合いで名づけられた。残念ながら何の図が展示されたのかは分からないが、会の

《ムラサキツユクサ》
太田洋愛　昭和25年（1950）　個人蔵

ムラサキツユクサは北アメリカ原産のツユクサ科の多年草。観賞用に栽培されるが、時に野生化しているのを見かける。雄しべに生える毛は細胞が数珠のように連なったもので、原形質流動の観察実験にも使われる。太田洋愛が描いたムラサキツユクサの図は、全体図の周りに部分図を配置したもので、「牧野式植物図」に倣ったものといえる。ただし、牧野の図ほど画面いっぱいに部分図を配置することはなく、空間も目立つ。（I）

《サラバンドCL》
太田洋愛　個人蔵

発足を記念する第1回に牧野および牧野の指導を受けた人の作品が、おそらく「理科美術」のあるべき手本としてであろう、展示されたことの意義は大きい。

発足当時の会のメンバーには太田洋愛《ようあい》、藤島淳三、二口善雄《ふたくちよしお》の名があり、彼らは昭和45年（1970）に始まる日本ボタニカルアート協会の主要な創立メンバーである。太田は、直接牧野と会ったことはないが、若い頃に植物の描き方について尋ねたところ、牧野から植物図の描き方と励ましの言葉を記した手紙および描画道具が送られてきて、それをきっかけに植物を描く道に進むことになったという。また、藤島も『牧野日本植物図鑑』の図を担当して牧野の教えを受けたと述べている。日本理科美術協会も日本ボタニカルアート協会も現在まで活動を継続し、それぞれ独自のスタイルを追求している。(T)

※日本理科美術協会会員四本充氏より

《アラカシ》
太田洋愛　個人蔵

《オオタザクラ》
太田洋愛　個人蔵

太田洋愛（1910〜1988）
19歳で中国東北部にわたり、奉天教育専門学校植物学教室にて、植物学者の大賀一郎の指導を受け植物画の技法を学ぶ。戦後日本各地に赴き桜を描き『日本桜集』を出版した。岐阜県で新種のオオタザクラを発見。

良いボタニカルアートとは、対象とする植物の科学的正確さと、芸術としての美しさを兼ね備えたものといえる。太田洋愛が残したムラサキツユクサの図が植物図鑑での使用にも耐えうる「ボタニカル」な植物図だとすると、バラの園芸品種であるサラバンドCLや、里桜の品種オオタザクラの図は、芸術に重心を置いた「アート」的植物図と考えられる。ただし、その境界ははっきりとしたものではなく、アラカシの図は両者の中間的なものといえようか。(I)

ボタニカルアートは、「Botany」つまり植物学から見て誤りなく植物を描き、かつ「Art」つまり芸術性のある絵画を意味する言葉である。その絵を見て何の植物であるかの判断がつかないような絵はボタニカルアートの名にふさわしくなく、その植物がもつ特徴が描かれていることが必要である。さりとて、実物に即したものであれば事足りるわけではなく、そこに絵画としての美を備え、鑑賞する側の心を動かすような何かを追求した作品であることが望ましいことになる。

牧野が描いた植物図は、植物の種としての特徴を図解し、文章と相まって植物のつくりを説明したものである。しかしながら、強弱のついたラインが植物の形状を生き生きと引き立て、かつ多数の部分図がバランスよく配置され、まったく破綻が見られない美しさが牧野の図にはある。このことが今も多くの人を惹きつけてやまない所以であろう。(T)

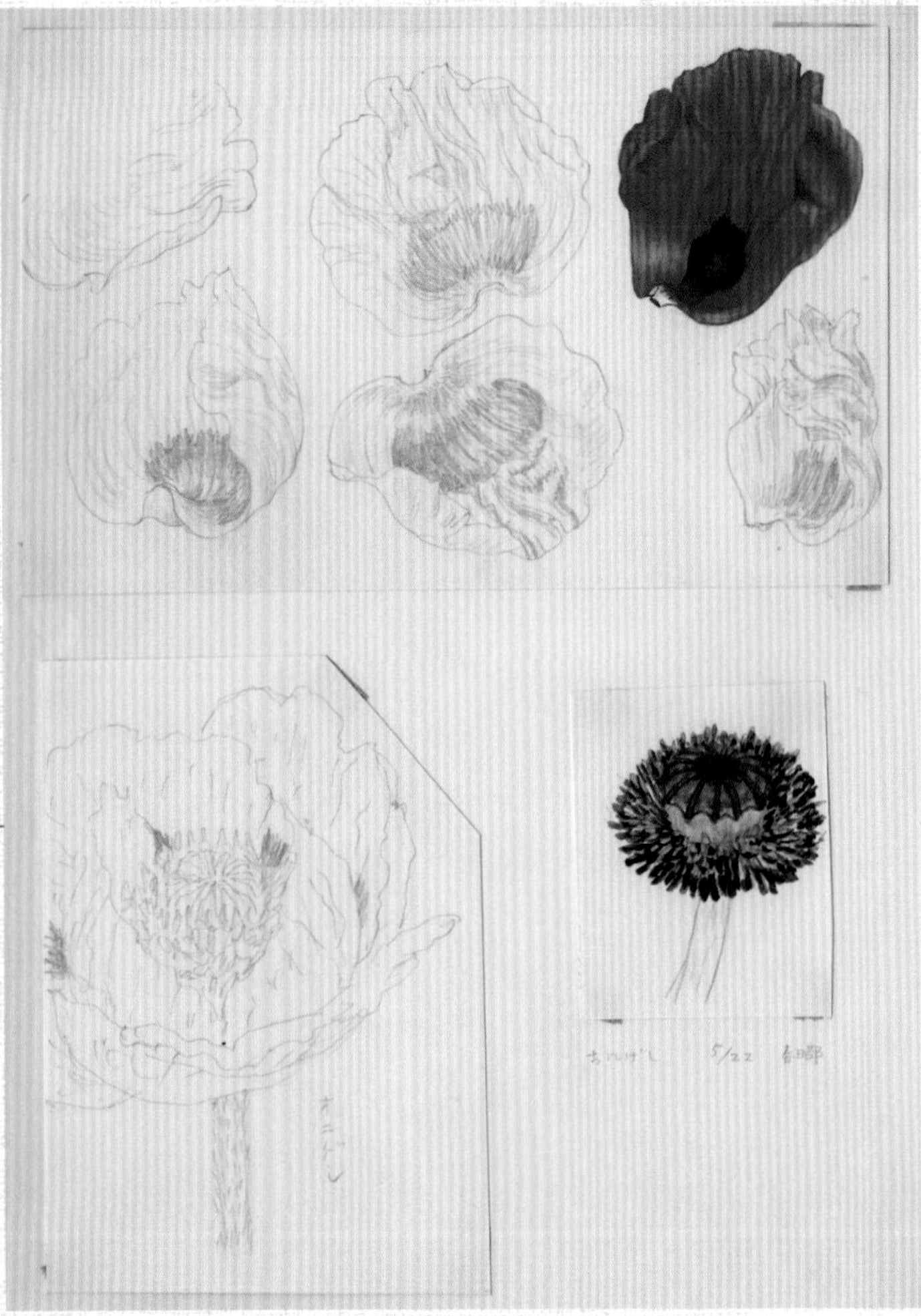

《オニゲシ》スケッチ
藤島淳三　個人蔵

ボタニカルアートを描くためには、正確なデッサン力と色の忠実な再現力が求められる。藤島淳三が残したケシ科のオニゲシとバラ科のカライトソウの図は、ボタニカルアートを完成させるための各部のデッサンと、生きているときの色を正確に描きとめたものである。オニゲシの赤くて基部が黒い花弁および雌しべを取り巻く雄しべの様子、カライトソウの葉の緑と淡紅紫色の雄しべなどは、図を完成させるために重要な情報を与える。(I)

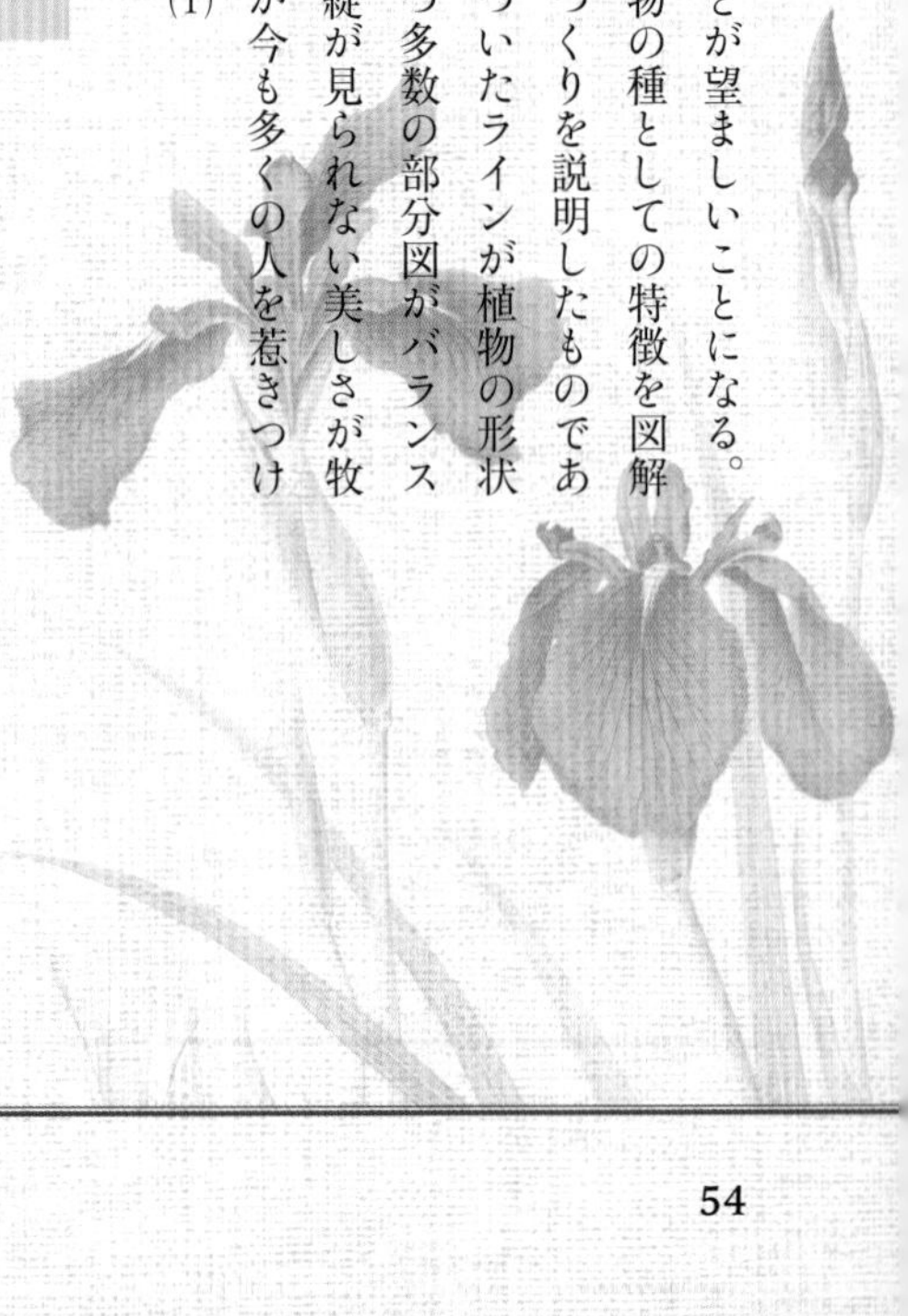

《カライトソウ》スケッチ［左頁下］
藤島淳三　個人蔵

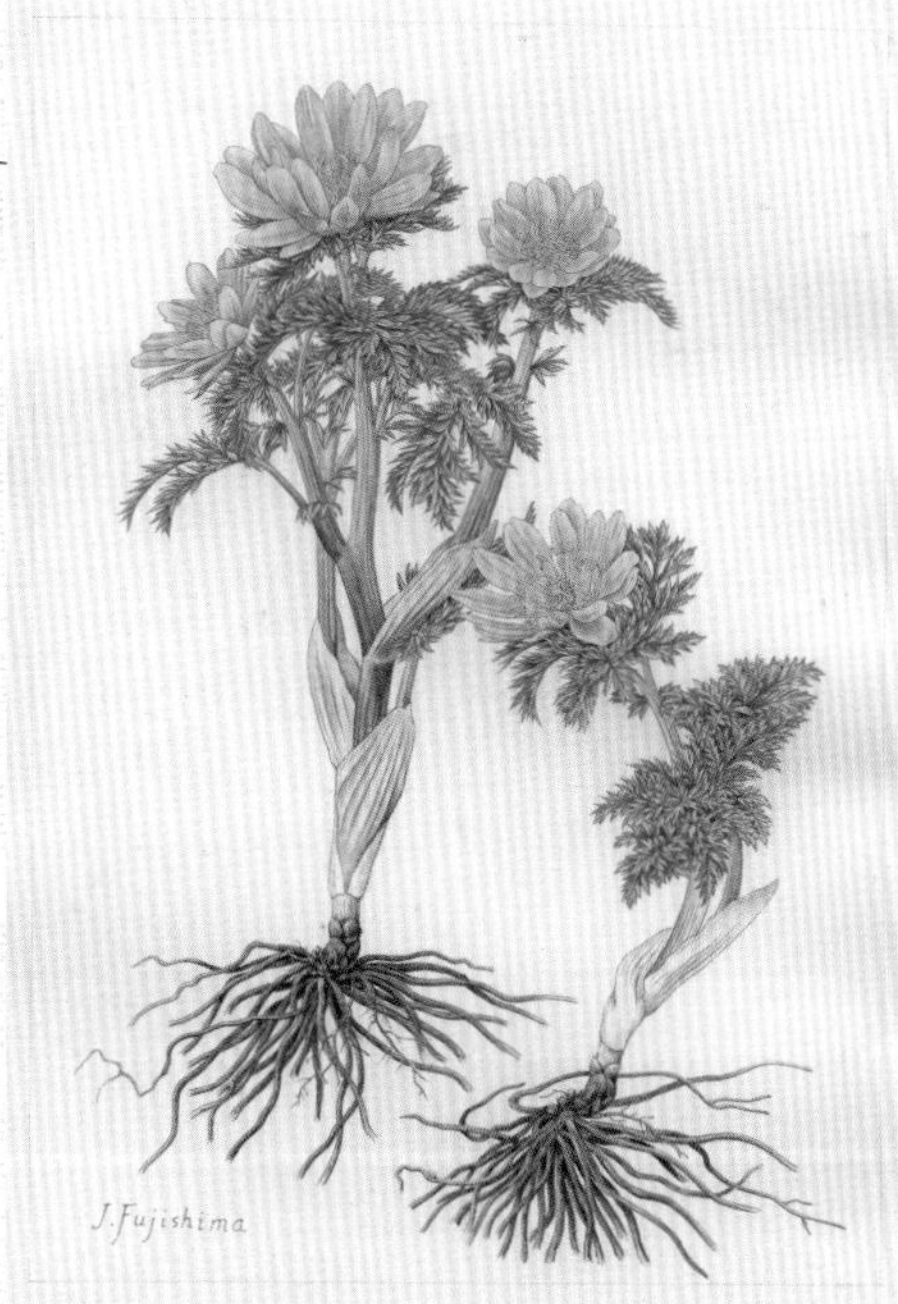

《フクジュソウ》《ハナショウブ》
藤島淳三　個人蔵

フクジュソウは北海道から九州にかけて生えるキンポウゲ科の多年草。初春に鮮やかな黄色の花を咲かせることから、新春を祝う「福寿草」の名がついた。古くから栽培され、多くの園芸品種がある。ハナショウブは野生のノハナショウブを改良したと考えられるアヤメ科の多年草で、観賞用に広く栽培される。藤島淳三が描いたフクジュソウとハナショウブの図は、地下部の状態も丁寧に描いた、ボタニカルアートとして優れたものである。(I)

藤島淳三（1903〜1990）

14歳で大病を患い、その療養生活のなかで、日本画家であった父から草花の描き方の手ほどきを受ける。牧野富太郎をはじめとする植物学者の指導を受け、標本をもとにして植物を写生することで正確さと緻密さを身につけた。

植物採集の同好会の講師・会長を務める

牧野は植物の専門家だけではなく、一般の人たちも植物に親しみ、採集の趣味をもってほしいという希望を抱いていた。それを実行するために各地で催される植物採集会や講習会で講師の役を務め、採集を指導して植物の名前を教えたり、講話をしたりしてフルに活躍したのであった。

また、明治44年（1911）には東京植物同好会を立ち上げ、自ら会長となって会員を指導した。それより2年早く発足していた横浜植物会でも牧野は指導にあたった。東京植物同好会は昭和30年（1955）に牧野植物同好会と名称を変更し、両会とも現在、盛んに活動している。

大勢の会員に囲まれて牧野が写る写真が残されている。採集会に参加して牧野も会員も、充実した楽しい時を過ごしたことであろう。その時に歌ったと思われる「植物採集行進曲」が、昭和7年（1932）の『植物研究雑誌』第8巻第6号に掲載され、一番の歌詞にはじまり五番まで続くが、牧野による五番は次の通り。(T)

草木《くさき》可愛の心をひろめ　愛し合ひましょ吾等同士《どし》
思ひ遣りさへこの世にあらば　世界《せかい》や平和で萬々歳

横浜植物会の集会（横浜第一中学校にて）　年代不明　個人蔵

信州長野市にて　明治37年(1904)8月27日　個人蔵

牧野植物同好会のバッチ　個人蔵

山城比叡山にて、会員にウバユリの説明をする牧野富太郎　大正8年(1919)夏　個人蔵

東京植物同好会の採集会(相州大磯高麗山頂神社にて)　大正11年(1922)3月12日
個人蔵

PICK UP

採集同好会

それぞれの会には学校の先生、研究者、医者、会社員、家庭の主婦と子どもなど、幅広い層の人々が集まった。毎月一度開催される植物採集会では、牧野のまわりに参加者が集まり自分で見つけた植物の名前を聞いたので休む暇がなかったという。牧野の指導を受けたという牧野植物同好会の会員は、「牧野先生は植物の名前を尋ねると即答される、それが尋ねる側にとってありがたかった」という話をしている。

Column

池長植物研究所の設立

池長植物研究所（31頁）は大正７年（１９１８）の秋に開所したが、同年12月に池長孟は軍隊に入営している。その不在の間に、牧野が苦心して採集した大切な標本を京都大学に寄附するという話が持ち上がった。牧野の言う「池長問題」である。それ以前から牧野の標本整理が進捗しておらず、池長は研究所の運営に不安を抱いたようである。それに対して牧野は、自分の窮状についての新聞記事を書いてくれた渡辺忠吾、池長との仲介の労を取ってくれた長谷川如是閑《にょぜかん》たち、そして家族の支えを後ろ盾に、断固反対の立場を貫いた。

結局、研究所は一般に公開されることはなく、未整理の標本の保管庫となり、池長の援助も滞るようになった。牧野は兵庫や大阪で植物採集会を行い、参加者を熱心に指導しながら、ノジギクやコヤスノキなど以前から興味のあった植物の調査を進めていった。一方池長は、牧野との出会いを通じて自分の道を模索し、南蛮美術のコレクターとして池長美術館を開館するにいたった。

この池長美術館がオープンして間もない昭和16年（１９４１）、池長が返還を決断したことから、「池長問題」は一気に解決し、牧野の莫大な数の標本と図書のすべてが牧野の自邸に戻ってくることになった。写真に写る人たちが手伝って無事に標本が東京に送られ、自邸には標本を収めるための建物が、華道家安達《あだち》潮《ちょう》花《か》の寄付により出来上がった。「牧野植物標品館」である。

牧野の膨大な植物標本は、没後に遺族が東京都に寄贈し、現在、東京都立大学にある「牧野標本館」に保管されている。

（T）

池長植物研究所正面。石に腰掛ける所長の牧野富太郎
昭和４年（1929）12月14日　個人蔵

標本が返還されることになり、荷造りのためステテコ姿の牧野（前列右から４人目）と池長（3人目）　昭和16年（1941）
個人蔵

池長植物研究所に運び込まれた標本の束と牧野
大正10年（1921）頃　個人蔵

池長植物研究所から標本が大泉に返る
昭和16年（1941）12月2日　個人蔵

Column

『植物研究雑誌』創刊

『植物研究雑誌』は大正5年（1916）4月に創刊される。牧野はそれまで自身の研究成果は主に『植物学雑誌』で発表していたが、専門の論文を出すと同時に、一般の人に植物に関する知識を普及させる必要性も感じていた。その両方を実現させるために『植物研究雑誌』を創刊したのである。

『植物研究雑誌』は、当初は牧野の個人的雑誌の性格が強く、記事の多くは牧野自身が書いたものであった。牧野はとくに一般向けの記事に力を入れ、さまざまな植物に関する知識を披露するとともに、「植物趣味ノ鼓吹」を書いて植物に関する興味を喚起したり、若い頃に自分を励ますために書いた「赭鞭一撻《しゃべんいったつ》」を掲載したりしている。

しかし、『植物研究雑誌』の刊行は順調に進んだわけではない。この時期は牧野が経済的に最も困窮した時期にあたり、雑誌の購読費で出版費を賄おうとした目論見もすぐに行き詰まる。当初は毎月発行する予定であったものの、第1巻第3号を出したところで中断する。その後、神戸の池長孟や成蹊高等女学校の中村春二らから出版の援助を受け、第2巻第6号まで断続的に出版するが、またしばらく休刊状態が続く。

大正15年（1926）に津村順天堂（現在のツムラ）の援助を受けて第3巻から再開し、ようやく軌道に乗るようになった。牧野が困ると、必ずどこからか助けてくれる人が現れる。これも牧野の「人たらし」たる性格のなせる技であろうか。（I）

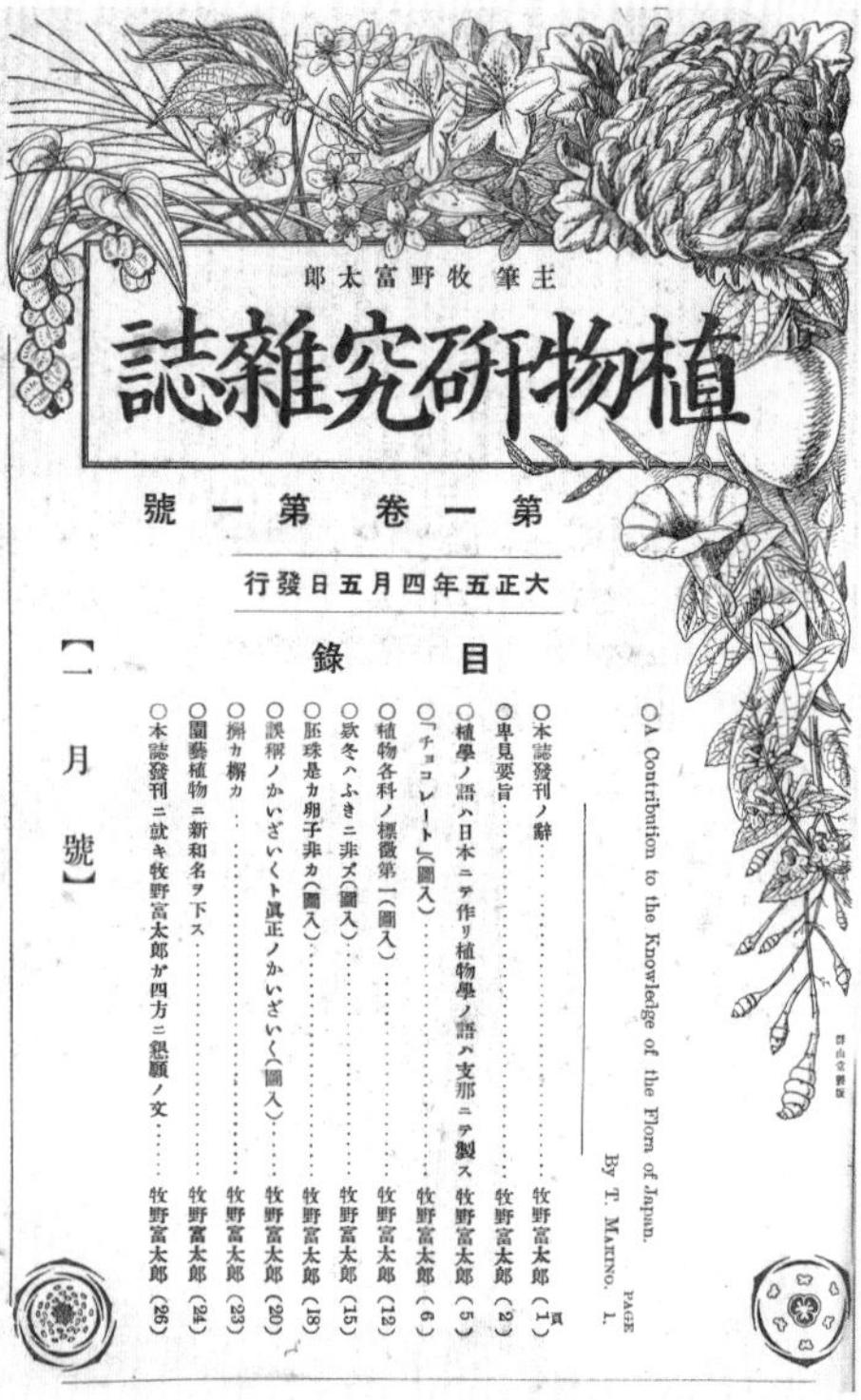
主筆 牧野富太郎

植物研究雜誌

第一巻第一號

大正五年四月五日發行

目録

○A Contribution to the Knowledge of the Flora of Japan. By T. Makino. PAGE 1.

○本誌發刊ノ辭	牧野富太郎	（1）頁
○卑見要旨	牧野富太郎	（2）
○植學ノ語ハ日本ニテ作リ植物學ノ語ハ支那ニテ製ス	牧野富太郎	（5）
○「チョコレート」（圖入）	牧野富太郎	（6）
○植物各科ノ標徴第一（圖入）	牧野富太郎	（12）
○款冬ハふきニ非ズ（圖入）	牧野富太郎	（15）
○胚珠是カ卵子非カ（圖入）	牧野富太郎	（18）
○誤稱ノかいざいくト眞正ノかいざいく（圖入）	牧野富太郎	（20）
○擲カ栦カ	牧野富太郎	（23）
○園藝植物ニ新和名ヲ下ス	牧野富太郎	（24）
○本誌發刊ニ就キ牧野富太郎ガ四方ニ懇願ノ文	牧野富太郎	（26）

【一月號】

『植物研究雑誌』第1巻第1号

大正5年（1916）

大正5年（1916）4月5日の発行。「発刊の辞」に続き、植物に関する9編の和文による論考、および新種を含む英文の記載論文が掲載されている。また、「本誌発刊ニ就キ牧野富太郎ガ四方ニ懇願ノ文」という一文を掲載し、出版継続のために読者からの援助をお願いしている。それは発刊当初から前途多難を予感させるものであった。（I）

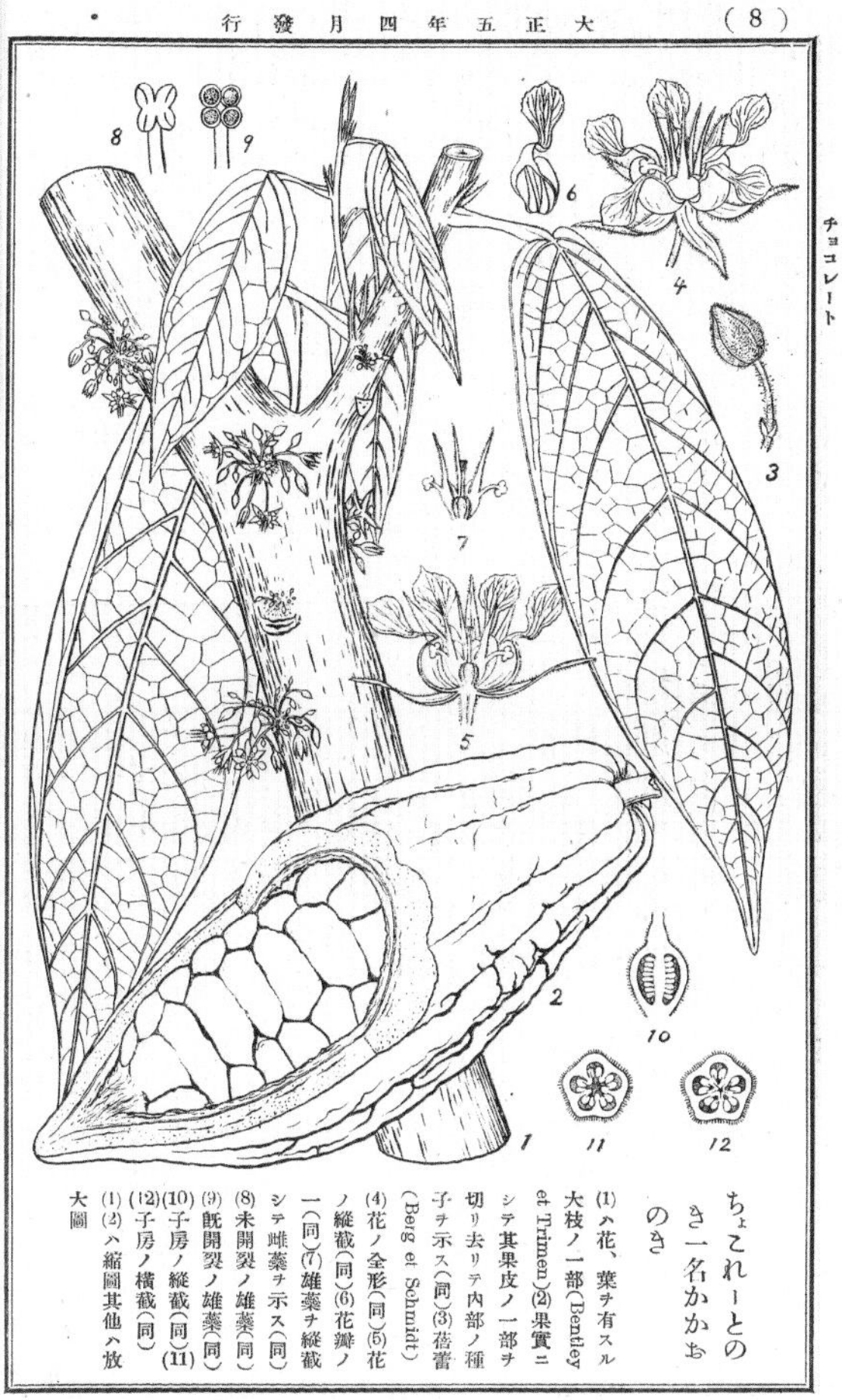

チョコレート

ちょこれーとのき一名かかおのき

(1)ハ花、葉ヲ有スル大枝ノ一部(Bentley et Trimen)(2)果實ニシテ其果皮ノ一部ヲ切リ去リテ内部ノ種子ヲ示ス(同)(3)蓓蕾(Berg et Schmidt)(4)花ノ全形(同)(5)花ノ縦截(同)(6)花瓣ノ一(同)(7)雄蘂ヲ縦截シテ雌蘂ヲ示ス(同)(8)未開裂ノ雄蘂(同)(9)既開裂ノ雄蘂(同)(10)子房ノ縦截(同)(11)(12)子房ノ横截(同)(1)(2)ハ縮圖其他ハ放大圖

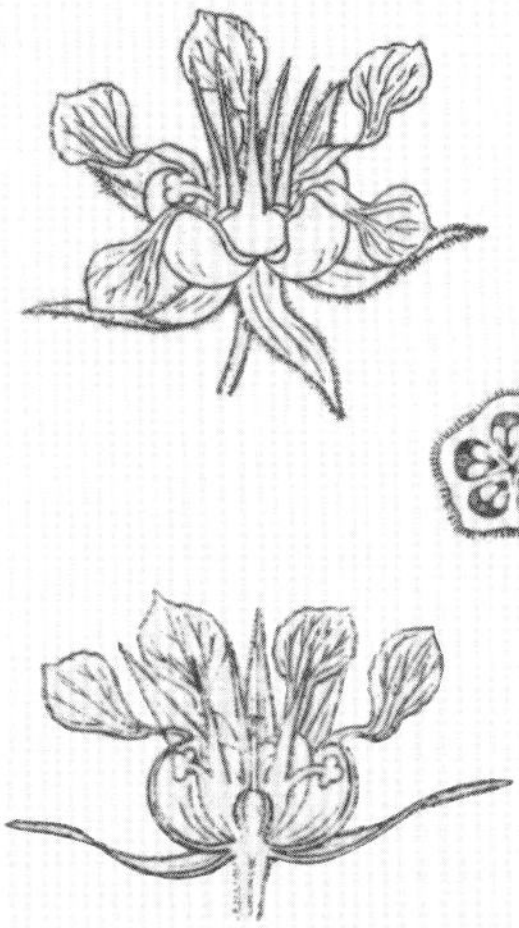

『植物研究雑誌』第1巻第1号に掲載された論考「チョコレート」に使用された図版。チョコレートは江戸時代に日本に渡来し、大正時代になって庶民にも広まった。牧野は酒も煙草も嗜まない代わりに、甘いものが好きであった（妻の壽衛子を見初めたのも菓子屋の店先）。甘いもの好きで新しもの好きであった牧野が、当時流行し始めたチョコレートについて書きたかったのかも知れない。(I)

PICK UP

「赭鞭一撻」

「赭鞭一撻」は、牧野が20歳の頃に書き留めた15条からなる勉学の心得である。［忍耐ヲ要ス／精密ヲ要ス／草木ノ博覧ヲ要ス／書籍ノ博覧ヲ要ス／植学ニ関係スル学科ハ皆学ブヲ要ス／洋書ヲ講ズルヲ要ス／当ニ画図ヲ引クヲ学ブベシ／宜ク師ヲ要スベシ／吝財者ハ植学者タルヲ得ズ／跋渉ノ労ヲ厭フ勿レ／植物園ヲ有スルヲ要ス／博ク交ヲ同志ニ結ブ可シ／邇言ヲ察スルヲ要ス／書ヲ家トセズシテ友トスベシ／造物主アルヲ信ズル毋レ］。牧野は初心を忘れまいとしたのか、『植物研究雑誌』第1巻第6号（1917）に「余ガ年少時代ニ抱懐セシ意見」として「赭鞭一撻」を公表した。(I)

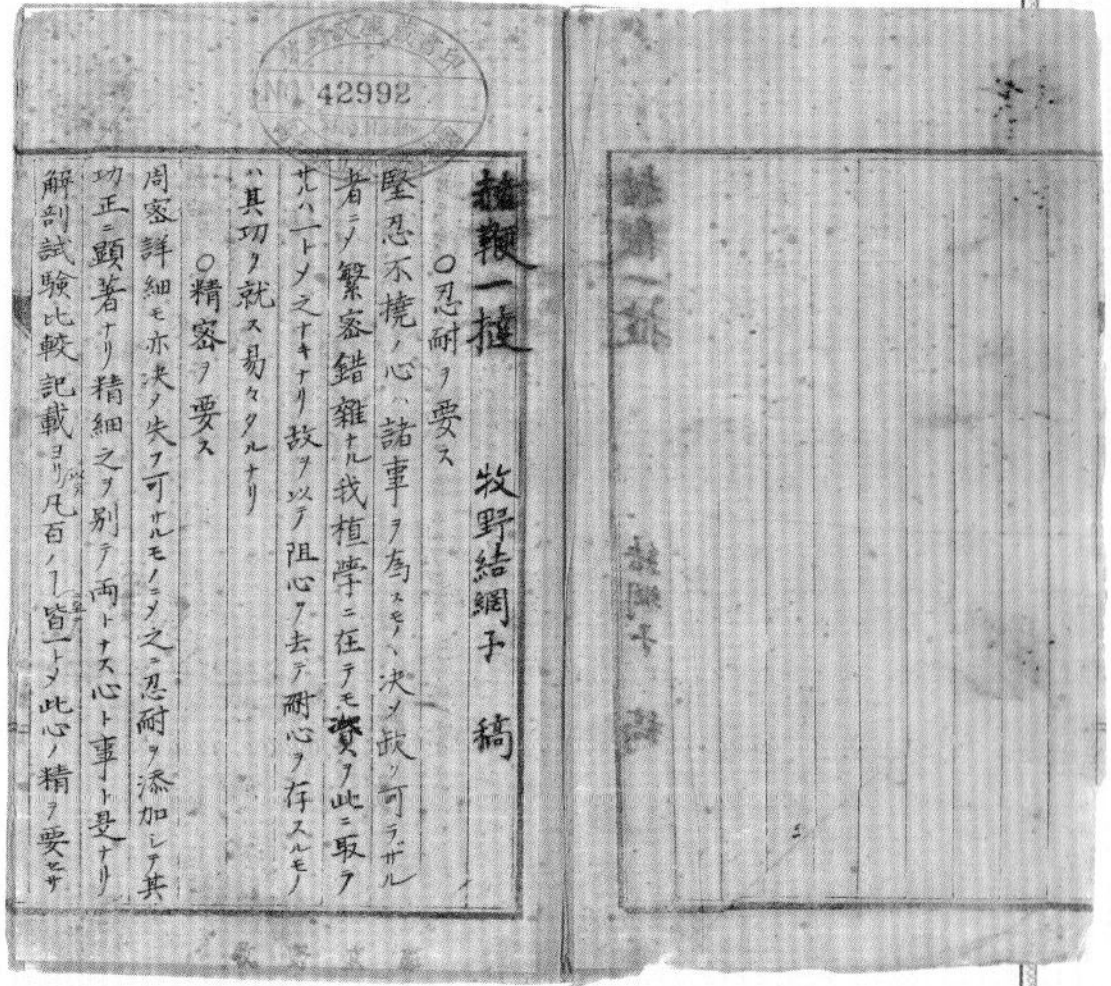

高知県立牧野植物園

4章

大泉に引っ越す、『牧野日本植物図鑑』編纂に取り組む

64歳 大正15年（1926）

▼

94歳 昭和32年（1957）

牧野は大正15年（1926）に、東京府北豊島郡大泉村（現在の東京都練馬区東大泉）に居を構えた。妻の壽衛子は、自分の家をようやく持つことができたにもかかわらず、その暮らしを楽しむ間もなく、病状が悪化し昭和3年（1928）2月に亡くなった。この広い敷地にゆくゆくは標本館と植物園を作るという構想を抱いていた壽衛子。牧野は、そのころ発見したササに、感謝の気持ちを込めて妻の名をつけることにした。和名スエコザサ、学名 *Sasa suwekoana* Makino である。妻を亡くして大きな喪失感にとらわれたであろうが、それを乗り越えて植物の採集と研究に励み、かつ採集の指導も熱心に続けていった。

前年には牧野は博士号を取得している。長年の数々の論文が成果として認められたのである。しかし、素直には喜べない牧野であった。今まで、肩書きなしで奮闘してきたのである。そこに牧野の面目躍如たるものがあったのだから、牧野の気持ちもうなずける。

その後も牧野の努力は実を結んでいった。昭

自宅玄関入口に立つ牧野富太郎
昭和4年（1929）10月　個人蔵

書斎にて
昭和27年（1952）9月14日　個人蔵

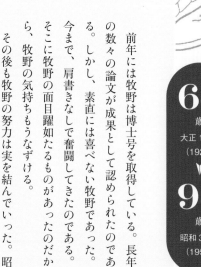

和9年～11年（1934～1936）に、それまでの牧野の研究を総括した『牧野植物学全集』全6巻が刊行される。同12年（1937）には朝日文化賞を受賞し、14年（1939）には大学を辞した。助手・講師の時代を併せて47年の長い勤務であった。2年後、牧野は、招かれてサクラの調査のため二女の鶴代とともに満州に赴くことになった。やがて開戦。昭和20年（1945）には、牧野の家の門に爆弾が落ち、5月に疎開を決意する。そして終戦。同年10月に我家に戻ることができた。案じていた書籍や標本は無事であった。

昭和6年（1931）から、植物図鑑の編纂が始まった。すでに出版され版を重ねている『日本植物図鑑』を全面的に改訂する企画であった。図鑑に載せる図は、水島南平《なんぺい》や山田壽雄《としお》たちが牧野の指導のもと担当した。牧野は採集に忙しくなかなか執筆に取りかからないため、解説文を東京帝国大学の植物学教室の人々に書いてもらうことになった。そして、牧野はそれらの校正に取り組み、ようやく約10年の歳月を要して昭和15年（1940）に出版の運びとなった。『牧野日本植物図鑑』の誕生である。

戦後、牧野はより一層、執筆や作画に励んでいった。成し遂げたいことは山ほどあった。そのひとつ、『牧野植物混混録』という個人雑誌を創刊した。『牧野日本植物図鑑』の改訂も取り組むべき課題であった。改訂版を出した後、若手の研究者の協力を得て昭和30年（1955）に増補版を刊行できた。着色の図からなる『原色少年植物図鑑』（北隆館・1953）や『牧野植物随筆』（鎌倉書房・1947）、『随筆 植物一日一題』（東洋書館・1953）などの植物随筆集も出版した。病態が悪化することもたびたびあったが、満94歳で亡くなるまで、常に植物とともに生き、その研究に勤しんだ生涯であった。(T)

庭にて。牧野富太郎の後ろ姿　昭和11年（1936）4月11日　個人蔵

牧野が着ているのは、九十九里浜（千葉県）で大漁のときに配られる「万祝」という祝着とされる。千葉県出身の園芸家である石井勇義（1892～1953）から贈られたもの。(T)

Profile

64歳	大正15年（1926）	東京府北豊島郡大泉村（現在の練馬区東大泉）に居を構える。
65歳	昭和2年（1927）	理学博士の学位を受ける。マキシモヴィッチ誕生百年を記念する会出席のため札幌へ。帰途、仙台で新種のササを発見。
66歳	昭和3年（1928）	妻、壽衛子が54歳で死去。新種のササにスエコザサと命名。
72歳	昭和9年（1934）	『牧野植物学全集』の刊行始まる。
74歳	昭和11年（1936）	『牧野植物学全集』全6巻が完成。
75歳	昭和12年（1937）	朝日文化賞を受賞。
77歳	昭和14年（1939）	東京帝国大学へ辞表を提出、講師を辞任する。
78歳	昭和15年（1940）	『牧野日本植物図鑑』の刊行。
79歳	昭和16年（1941）	旧満州（現在の中国東北部）へサクラの調査へ。池長孟より標本が返還される。
83歳	昭和20年（1945）	爆弾が家の門に落ちる。山梨県巨摩郡穂坂村に疎開。
86歳	昭和23年（1948）	皇居に参内、昭和天皇に植物学をご進講。
88歳	昭和25年（1950）	日本学士院会員となる。
94歳	昭和32年（1957）	家族に見守られ永眠。東京都谷中の天王寺に葬られる。

大泉の家

大正15年（1926）から移り住んだ大泉の家は、武蔵野の雑木林が残り、周囲には畑が広がる、それまで牧野が住んでいた都会の環境とは異なった地に建てられた。この地を選んだのは牧野の知人の紹介によるもので、牧野夫妻はこの地を一目見て気に入ったという。

写真の裏には「ヤマユリの咲き誇る庭にて」とある
昭和12年（1937）7月16日　個人蔵

牧野一家は、助手として、また後に講師として勤務する東京帝国大学の近辺に暮らし、転居を重ねていた。大正8年（1919）には渋谷に引っ越した。この頃、牧野の妻壽衛子は、苦しい家計を立て直す目的で待合《まちあい》を経営することになる。待合とは現在の高級料亭に近いもので、政府の要人や企業人が、芸妓を呼んで宴会や密談をした場所である。

やがて、大正12年（1923）に関東大震災に遭うが、幸いなことに家族に大きな被害はなかった。その時の体験を牧野は自叙伝に記し、科学者の視点で地震を冷静に分析している。そして、震災後数年ばかりで大泉に移る。その理由について、植物標本を「火災その他から護るためには郊外の方が安全だと思ったからである」と自叙伝に書いている。

昭和3年（1928）に妻を亡くしてからは、子どもたちが牧野を支えた。戦争が終わり、世の動きも少し安定してきた頃であろう昭和23年（1948）に撮影された写真がある。子どもたち、孫やひ孫に囲まれて写る牧野の表情は心なしか穏やかに感じられる。心温まる一コマである。(T)

誕生日に家族に囲まれて　昭和23年（1948）4月24日　個人蔵

Column

牧野の胸像とスエコザサ

牧野が晩年を過ごした大泉の家は、現在は練馬区立牧野記念庭園として公開され、胸像もそこにある

東京都練馬区にある練馬区立牧野記念庭園は、牧野が逝去する昭和32年（1957）まで暮らした場所である。庭園を入り左奥に進むと、牧野の胸像を囲むように笹が植えてある。この笹はスエコザサといい、牧野が新種記載したものである。

タケ・ササの仲間は、茎や葉の変異は大きいが、めったに花をつけないことから分類が難しく、日本に生育する種数も数十から数百と、学者によって大きく異なる。牧野は日本のタケ・ササ類の分類に挑戦した最初の人で、7の新属と80に上る新分類群（新種、新変種、新品種）を報告している。昭和3年（1928）発行の『植物研究雑誌』第5巻第2号にもタケ・ササ類10新種を報告したが、そのうちのひとつがスエコザサであった。牧野の妻壽衛子はこの雑誌が出る直前に亡くなっており、前年に仙台で採集した新種のササに、*Sasa Suwekoana* Makino と命名したのである。

練馬区立牧野記念庭園のスエコザサ

牧野は命名の理由について、「私はこの新種のササを、常に私の植物研究を支えてくれた亡き妻壽衛子に捧げる」（註：原文英語）と記している。スエコザサは他のササ類に比べ、茎や葉がスレンダーで深緑の葉をつけた姿が落ち着いた雰囲気を漂わせるところから、スエコザサを亡き妻壽衛子に重ね合わせたのかも知れない。

牧野は壽衛子の死に際し、2つの句を詠んでいる。ひとつが「家守りし妻の恵みやわが学び」、もうひとつが「世の中のあらん限りやスヱコ笹」である。牧野の妻に対する深い感謝と哀切の叫びである。（I）

牧野が手がけた植物図鑑

昭和15年（1940）に発刊された『牧野日本植物図鑑』は、牧野植物学の集大成と言ってよいものである。しかし牧野はいきなりこの本を完成させたのではない。「図鑑」というものに牧野が最初に関わったのは、明治41年（1908）発行の『植物図鑑』からである。『植物図鑑』は東京博物学研究会（実質は村越三千男・72頁）が編纂し、牧野が校訂した形となっている。この図鑑では、1ページに2種の植物について図と解説を対比させる、いわゆる「図鑑形式レイアウト」を定型化させている。

牧野の本格的な図鑑デビューは、大正14年（1925）発刊の『日本植物図鑑』からである。この図鑑は、一般的なシダ植物、種子植物に加え、蘚苔類、キノコ類、藻類を合わせて2550種が掲載された充実したものであった。しかし、牧野はこの図鑑には不満が大きかったようで、その序には「然シ匆卒《こっそり》ノ際デアルカラ私ノ理想通リノモノハ尚ホ将来デナイト完成シナイガ兎モ角モ目下ノ急ニ応ズル為メニ本書ノヤウナモノガ出来タ」と愚痴をこぼしている。

その理由は、当初は前著『植物図鑑』の図を全て入れ替え、解説も書き直したいと考えていたにもかかわらず、出版までの時間的制約もあり、図版の差し替えは一部のものに限られてしまったためと考えられる。牧野が理想とする図鑑は、15年後の『牧野日本植物図鑑』の出版まで待たなければならなかった。（T）

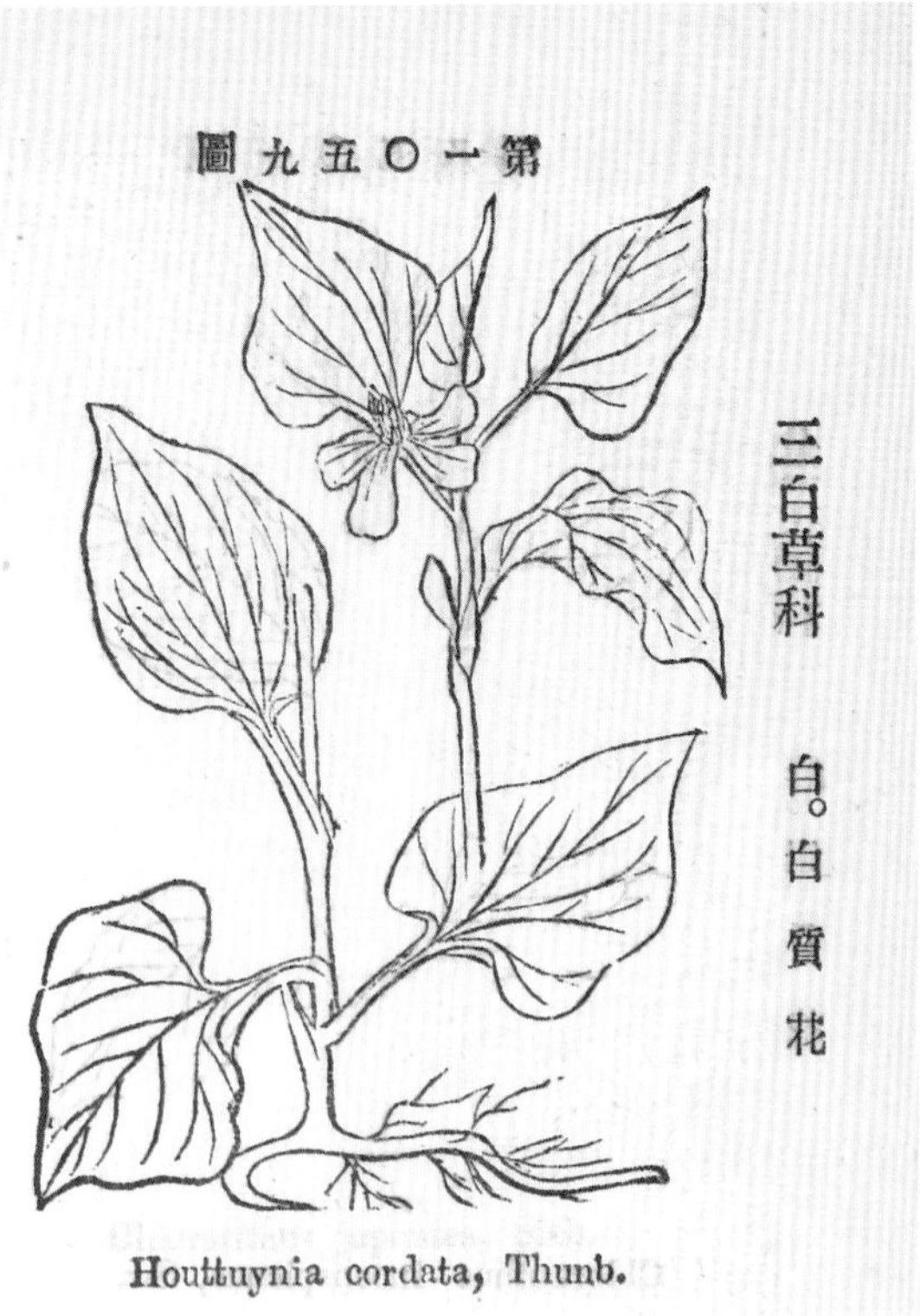

『植物図鑑』（1908）よりドクダミ

牧野が手がけた植物図鑑。左から『植物図鑑』（1008）、『日本植物図鑑』（1925）、『牧野日本植物図鑑』（1940）

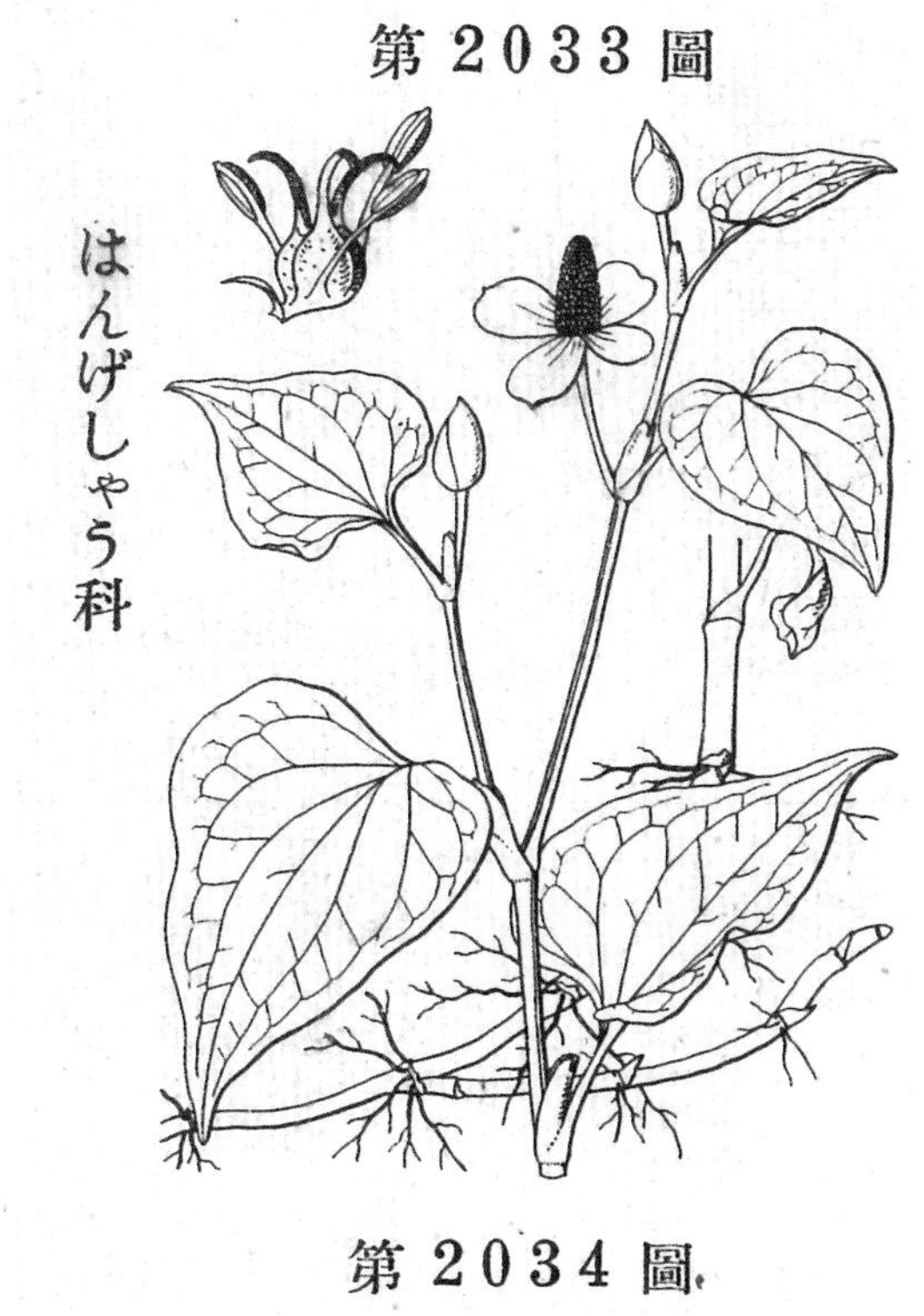

『牧野日本植物図鑑』（1940）よりドクダミ

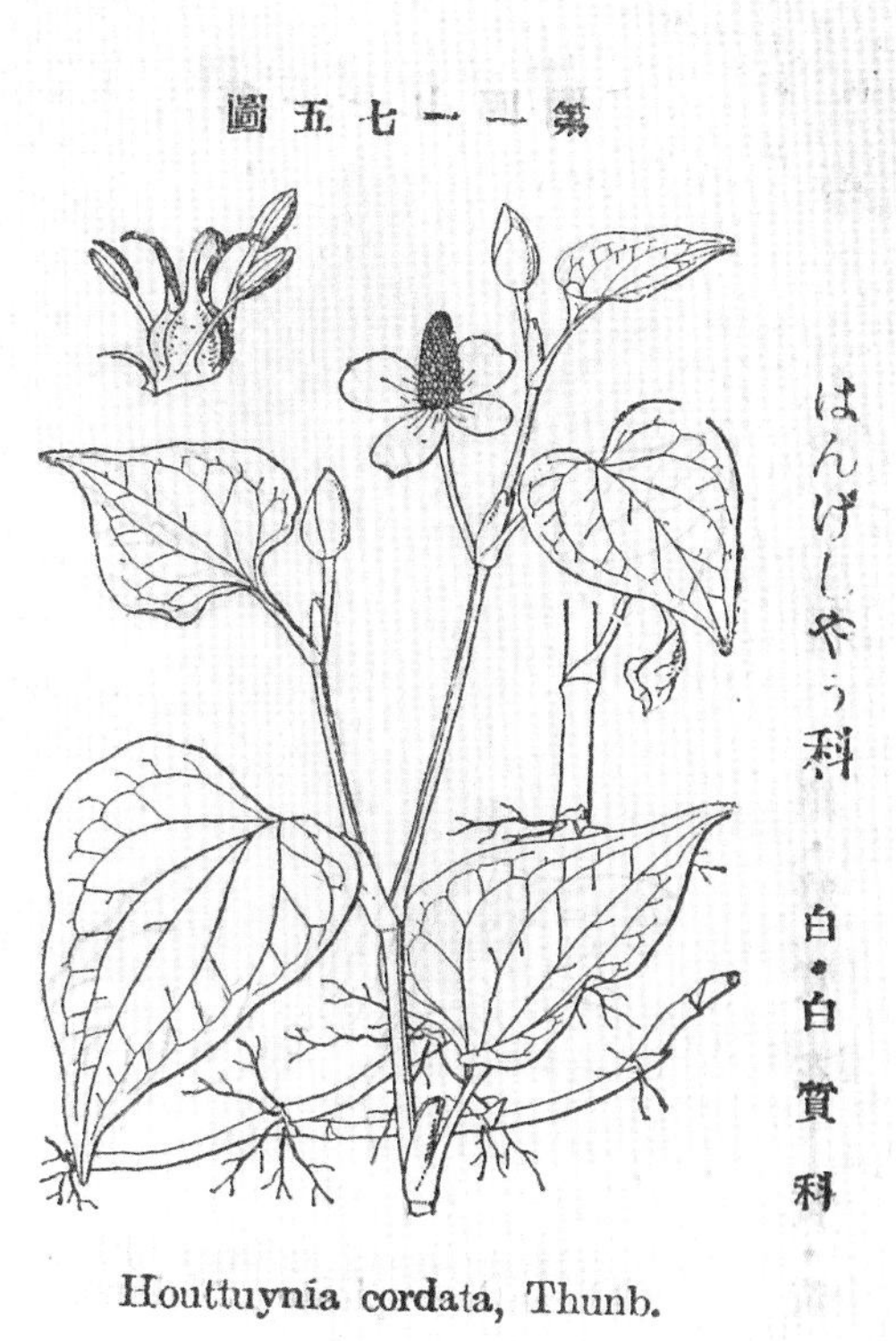

『日本植物図鑑』（1925）よりドクダミ

［ドクダミ］　ドクダミは、ドクダミ科の多年草。やや日陰の空き地に繁茂し、古くから民間薬（どくだみ茶など）として利用される。3つの図鑑を比べると、『植物図鑑』の図が『日本植物図鑑』で差し替えられ、『牧野日本植物図鑑』ではその図が継承されている。（I）

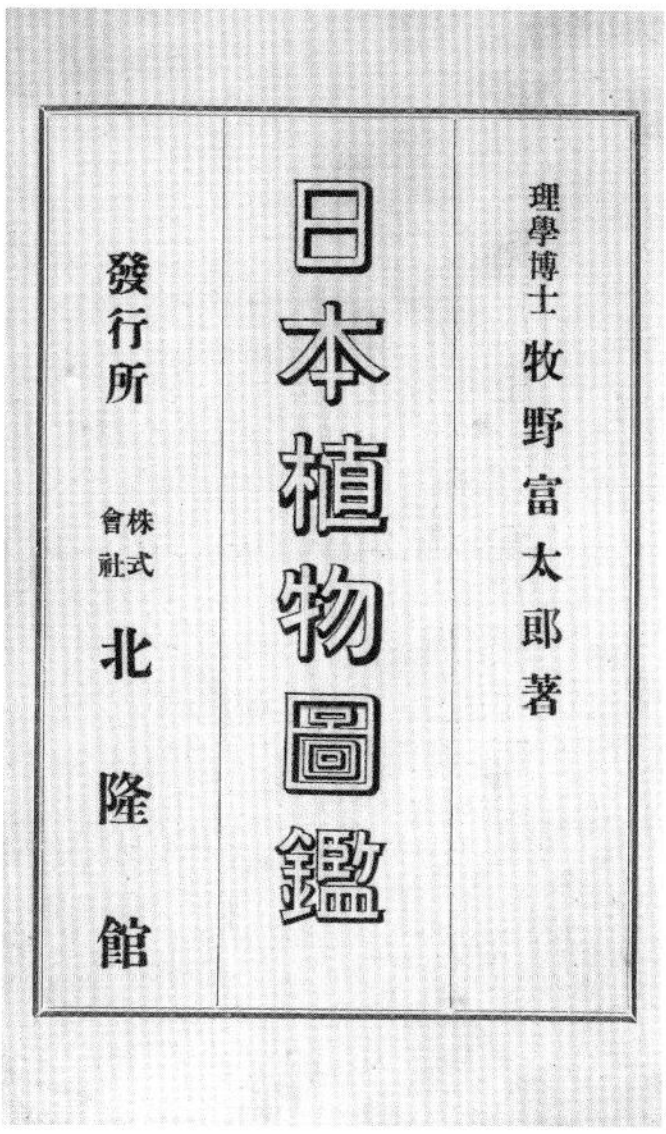

『日本植物図鑑』
大正14年（1925）

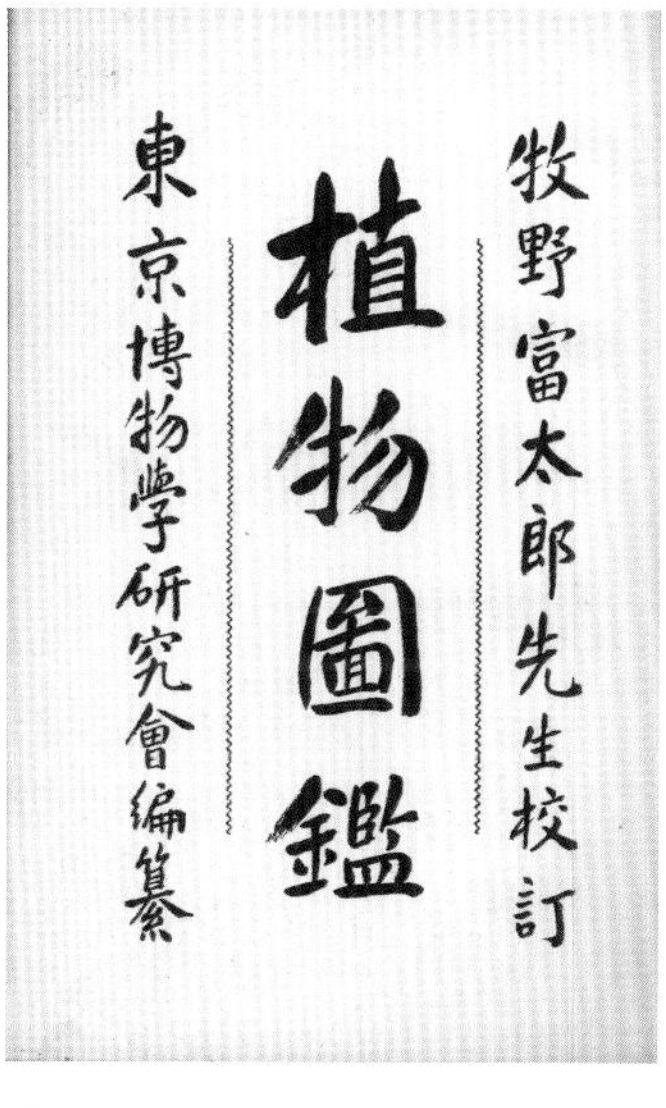

『植物図鑑』
東京博物学研究会（編纂）・牧野富太郎（校訂）
明治41年（1908）

『牧野日本植物図鑑』

牧野は昭和15年（1940）に『牧野日本植物図鑑』を刊行する。『日本植物図鑑』の出版から15年、準備期間約10年をかけた労作である。3206図版に学名・説明を添えた本文に加え、カラー図版9葉、学術用語解説、属名と種名の意味も解説した学名索引、和名・漢名索引など、総計1250ページに達するボリュームのあるものであった。牧野は初版の序に、「……茲《ここ》ニ初メテ其公刊ヲ見ルニ至リシハ至高中ノ幸ト謂フベク、熟《つらつ》ラ既往ヲ追懐スレバ則チ転《うた》タ感慨ノ切ナル者ガ無ンバアラズデアル」と述べ、感慨にふけっている。それは『日本植物図鑑』で果たせなかった図版と解説の刷新を成し遂げた満足感であったと思われる。

『牧野日本植物図鑑』が刊行されたのは牧野が78歳の頃であるが、牧野はこの図鑑の改訂に意欲を見せる。適宜、学名・解説の改訂、図の差し替えなど細かい修正を加えつつ、昭和30年（1955）発行の第24版では、初版に約700図版を加えた増補版として刊行している。その時牧野は93歳に達していた。

『牧野日本植物図鑑』は牧野による改訂を経て、昭和35年（1960）まで43版を重ねるが、牧野が亡くなった後も、現代語に直した『牧野新日本植物図鑑』（1961）、大幅に増補改訂した『改訂増補 牧野新日本植物図鑑』（1989）、新しい分類体系に基づく『新分類 牧野日本植物図鑑』（2017）とグレードアップされながら、現在でも使い続けられている。（I）

An
Illustrated Flora of Nippon,
with the
Cultivated and Naturalized Plants.
By
Tomitarô Makino, Dr. Sc.
1940

牧野
日本植物圖鑑
理學博士
牧野富太郎
著

皇紀二千六百年
北隆館

『牧野日本植物図鑑』
昭和15年（1940）

出版年は「皇紀二千六百年」とされ、初版の「序」には「嗚呼、皇紀二千六百年、時恰モ東亜新秩序建設ノ第四年、会マ国難非常ノ秋ニ際シ、小生特ニ此記念スベキ新著ノ本書ヲ完成シ、茲ニ初メテ公刊ヲ見ルニ至リシハ至幸中ノ幸ト謂フベク、……」と喜びを語っている。しかし、時代にそぐわないと思ったのか、第二次世界大戦後に出版された版にはこの一文は削除されている。（I）

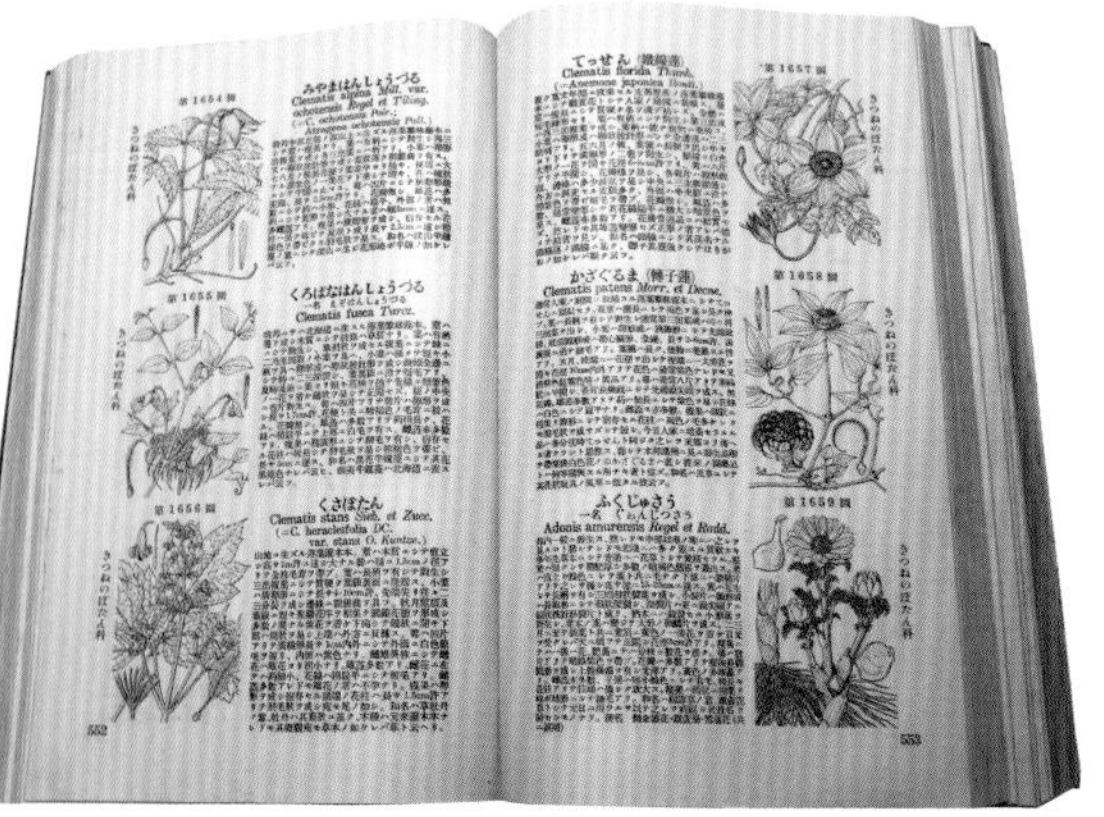

『牧野日本植物図鑑』の内容。1ページに3種を上下に並べ、偶数ページでは図を左側に、奇数ページでは図を右側に配置する。和名と学名、形態の記述（記載）、和名の語源などが記される。記載は片仮名混じりの文語体で書かれ、旧字体の漢字と合わせ現代人には読みにくいものの、簡潔な説明と格調高い牧野の文を楽しむことが出来る。『牧野新日本植物図鑑』からは口語体に書き直されている。（I）

左から『牧野日本植物図鑑』初版（1940）、5版（1948）、10版（1951）、13版（1952）、20版（1954）、23版（1955）、増補版（1955）、29版（1957）、32版（1957）、39版（1959）、43版（1960）、前川文夫・原寛・津山尚（編）『牧野新日本植物図鑑』（1961）、小野幹雄・大場秀章・西田誠（編）『改訂増補 牧野新日本植物図鑑』（1989）。

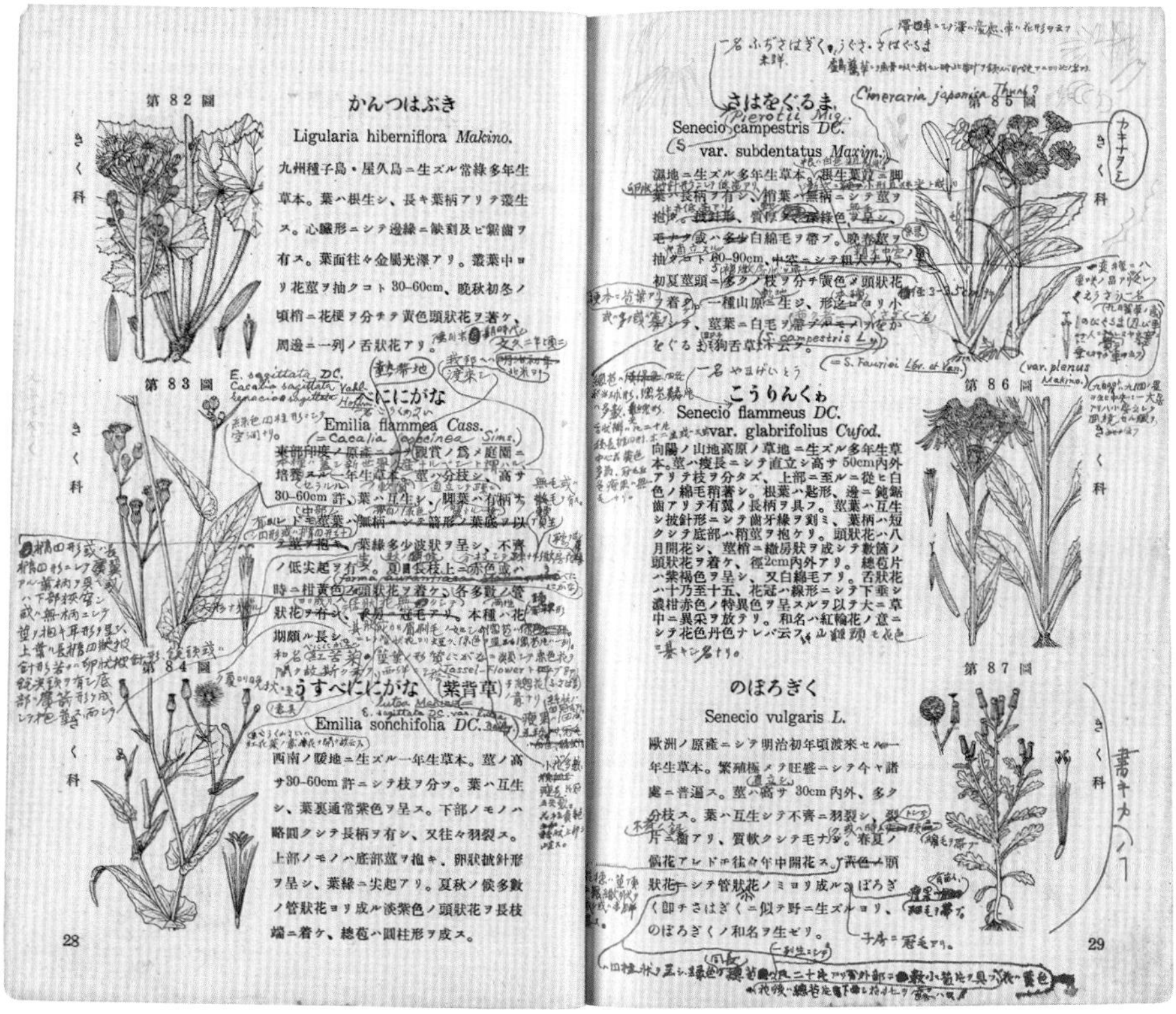

第82圖

かんつはぶき

Ligularia hiberniflora *Makino.*

九州種子島・屋久島ニ生ズル常綠多年生草本。葉ハ根生シ、長キ葉柄アリテ叢生ス。心臟形ニシテ邊緣ニ缺刻及ビ鋸齒ヲ有ス。葉面往々金屬光澤アリ。叢葉中ヨリ花莖ヲ抽クコト30–60cm、晩秋初冬ノ頃梢ニ花梗ヲ分チテ黃色頭狀花ヲ著ケ、周邊ニ一列ノ舌狀花アリ。

第83圖

べににがな

Emilia flammea *Cass.*

東部印度ノ原產ニシテ觀賞ノ爲メ庭園ニ培養スル一年生草本。莖ハ分枝シ、高サ30–60cm許、葉ハ互生シ、脚葉ハ有柄ナ[illegible]莖葉ハ無柄ニシテ箭形ノ葉底ヲ以テ莖ヲ抱キ、葉緣多少波狀ヲ呈シ、不齊ノ低尖起ヲ有ス。夏日長枝上ニ赤色或ハ時ニ柑黃色ノ頭狀花ヲ着ケ、各多數ノ管狀花ヲ有シ、[illegible]冠毛アリ。本種ハ花期頗ル長シ。

第84圖

うすべににがな　（紫背草）

Emilia sonchifolia *DC.*

西南ノ暖地ニ生ズル一年生草本。莖ノ高サ30–60cm許ニシテ枝ヲ分ツ。葉ハ互生シ、葉裏通常紫色ヲ呈ス。下部ノモノハ略圓クシテ長柄ヲ有シ、又往々羽裂ス。上部ノモノハ底部莖ヲ抱キ、卵狀披針形ヲ呈シ、葉緣ニ尖起アリ。夏秋ノ候多數ノ管狀花ヨリ成ル淡紫色ノ頭狀花ヲ長枝端ニ着ケ、總苞ハ圓柱形ヲ成ス。

きく科

28

第85圖

さはをぐるま

Senecio campestris *DC.* var. subdentatus *Maxim.*

濕地ニ生ズル多年生草本。根生葉[illegible]脚葉ハ長柄ヲ有シ、梢葉ハ無柄ニシテ莖ヲ抱ク。[illegible]、質厚ク[illegible]綠色、毛ナク或ハ多少白綿毛ヲ帶ブ。晩春莖ヲ抽クコト60–90cm、中空ニシテ粗大ナリ。初夏莖頭ニ多クノ枝ヲ分チ黃色ノ頭狀花ヲ着ク。一種山原ニ生ジ、形遙カニ小ニシテ、莖葉ニ白毛ヲ帶ブルモノアリ、をかをぐるま狗舌草ト云フ。

第86圖

こうりんくゎ

Senecio flammeus *DC.* var. glabrifolius *Cufod.*

向陽ノ山地高原ノ草地ニ生ズル多年生草本。莖ハ瘦長ニシテ直立シ高サ50cm内外アリテ枝ヲ分タズ、上部ニ至ルニ從ヒ白色ノ綿毛稍著シ。根葉ハ匙形、邊ニ鈍鋸齒アリテ有翼ノ長柄ヲ具フ。莖葉ハ互生シ披針形ニシテ齒牙緣ヲ刻ミ、葉柄ハ短クシテ底部ハ稍莖ヲ抱ケリ。頭狀花ハ八月開花シ、莖梢ニ繖房狀ヲ成シテ數箇ノ頭狀花ヲ着ケ、徑2cm内外アリ。總苞片ハ紫褐色ヲ呈シ、又白綿毛アリ。舌狀花ハ十乃至十五、花冠ハ線形ニシテ下垂シ濃柑赤色ノ特異色ヲ呈スルヲ以テ大ニ草中ニ異采ヲ放テリ。和名ハ紅輪花ノ意ニシテ花色丹色ナレバ云フ。

第87圖

のぼろぎく

Senecio vulgaris *L.*

歐洲ノ原產ニシテ明治初年頃渡來セル一年生草本。繁殖極メテ旺盛ニシテ今ヤ諸處ニ普遍ス。莖ハ高サ30cm内外、多ク分枝ス。葉ハ互生シテ不齊ニ羽裂シ、裂片ニ齒アリ、質軟クシテ毛ナシ。春夏ノ候花アレドモ往々年中開花ス。黃色ノ頭狀花ニシテ管狀花ノミヨリ成ル。ぼろぎく即チさはぎくニ似テ野ニ生ズルヨリ、のぼろぎくノ和名ヲ生ゼリ。

きく科

29

初版（1940）に自身で加筆・修正を施したページ　高知県立牧野植物園

牧野は機会があれば図および記載の修正を行っている。記載については、概ね図鑑の前半の種では簡単で、後半の種では詳しくなる。これについては、「序」に「……実ハ最初ハ其程度ヲ適当ト認メテ文ヲ行ツタノダガ、年月ノ移ルニ従ヒ漸次ニ精緻ノ度ヲ加ヘ、遂ニハ多少行キ過ぎた貌チト成ツタノデアル、……」と言い訳している。ここにも牧野のこだわりの一面が見られる。改訂は牧野が亡くなる直前まで続けられている。（I）

平成29年（２０１７）の冬、東京大学総合研究博物館（以下、博物館）のバックヤードから、厚紙にくるまれた２つの包みが出てきた。中には彩色画と線画合わせて５３４枚の植物画が入っており、その多くには「YaMada ToSHIO del.」とか、「Toshio」といった署名があった。『牧野日本植物図鑑』（１９４０）の作画を担った画家のひとり、山田壽雄が描いた植物画の発見であった。

　見つかった図の多くには、作画した日付とともに、材料を入手した経緯が書いてあった。とくに牧野に同行して材料を入手したり、牧野から材料をもらうなど、牧野との関わりを示す記述も多く、山田と牧野の密接な関係を示していた。作画した時期は明治42年（１９０９）から昭和12年（１９３７）にわたるが、多くは明治43年（１９１０）から大正６年（１９１７）に集中しており、この時期に牧野から植物描写の指導を受けていたと推測される。

　また、『牧野日本植物図鑑』と構図が酷似している図も多く、それらは『牧野日本植物図鑑』の原画を作図する際に下図あるいは参考図として用いられたものと考えられた。すなわち、博物館で発見された山田の図は、『牧野日本植物図鑑』の成立に関わる重要な情報を持った資料だったのである。（I）

《ヒツジグサ》

山田壽雄　明治43年(1910)9月9日　東京大学総合研究博物館

ヒツジグサはスイレン科の水生植物で、ヨーロッパから東アジア、インド北部にかけて分布し、日本では北海道から九州まで生育している。山田は、細長い花茎で葉の周りを囲い、葉と花茎の間を水色に塗ることによって、水の存在を表そうとしたと思われる。この図は『牧野日本植物図鑑』(1940)の1734図の元絵と考えられる。(I)

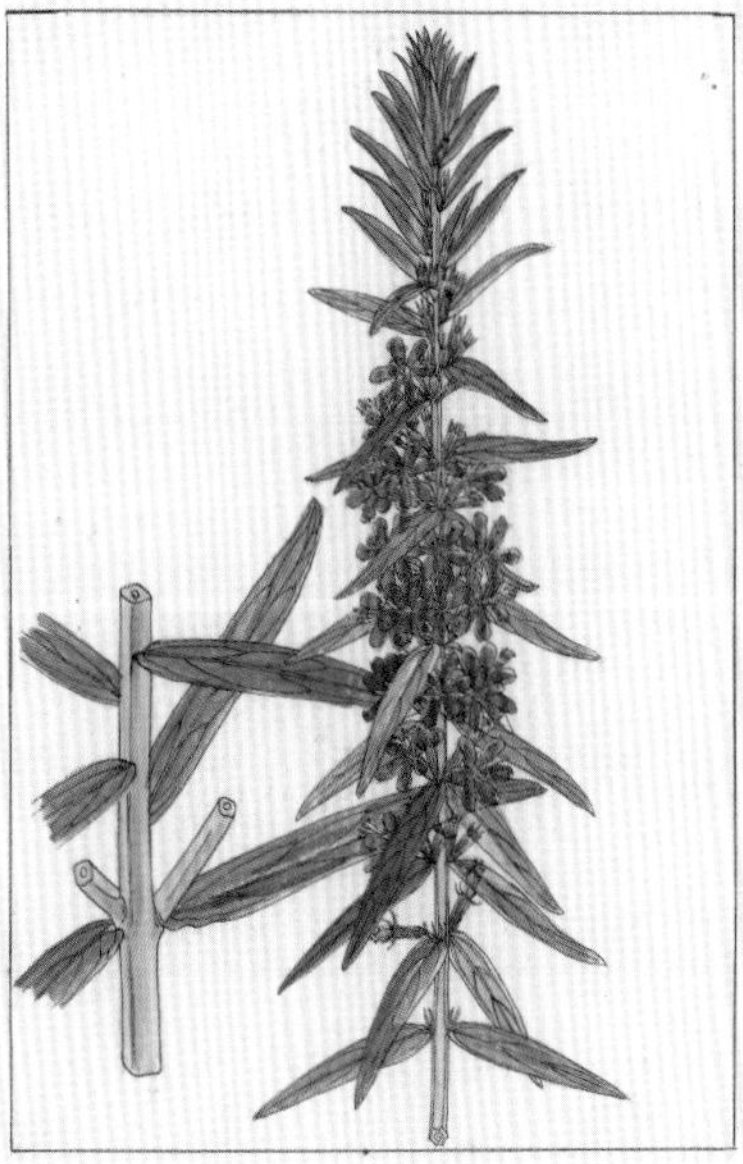

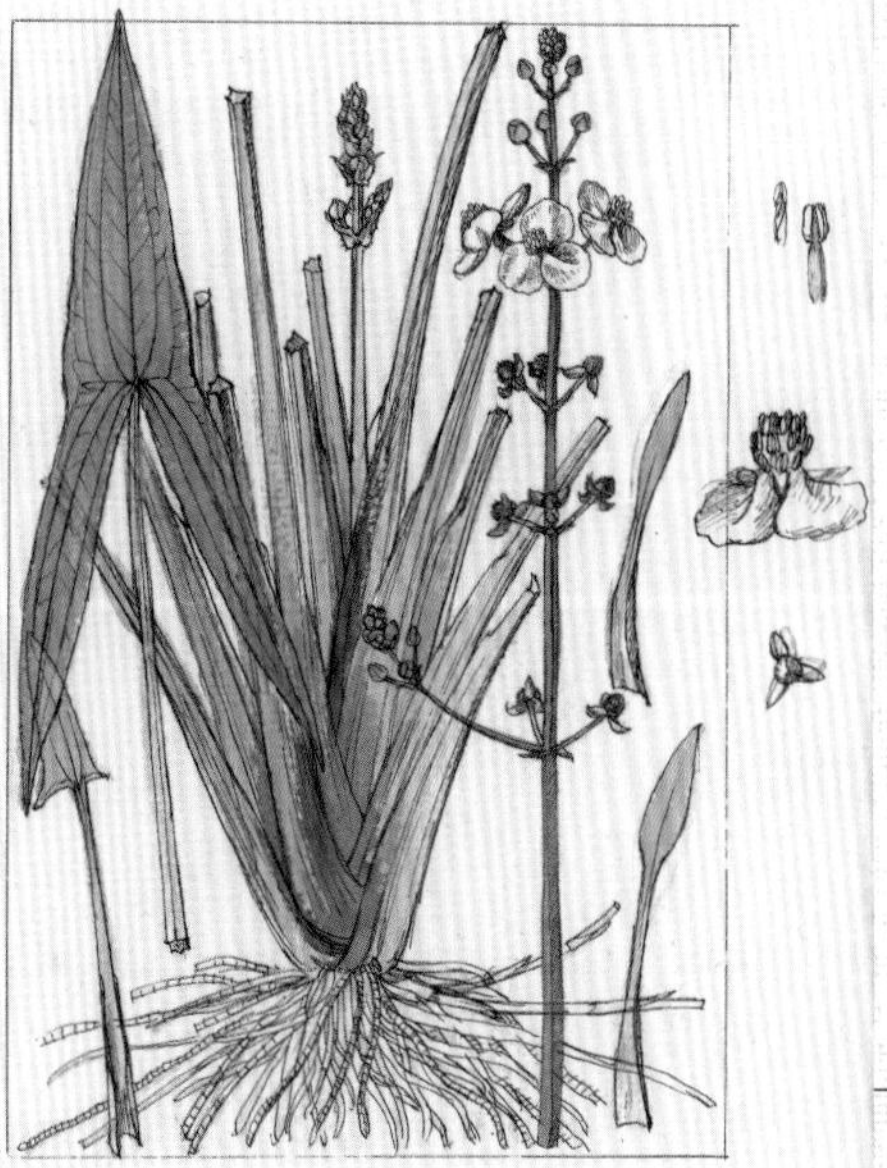

《ミソハギ》

山田壽雄　明治45年(1912)7月3日
東京大学総合研究博物館

ミソハギは湿原に生えるミソハギ科の多年草で、北海道から九州、朝鮮半島に分布する。絵の裏には「ミソハギとはミソギハギと云ふことで ミソギをする頃咲くからだと牧野先生のお話」と、牧野から聞いた和名の語源を書き留めている。この図は牧野著『図説 普通植物検索表』(1950) の432図の元絵と考えられる。(I)

《オモダカ》

山田壽雄　大正元年(1912)8月26日
東京大学総合研究博物館

オモダカはオモダカ科の多年草で、水田や浅い池などに生える。北海道から沖縄、東アジアの温帯から亜熱帯にかけて分布する。絵の裏には「Toshi. 牧の先生ト (府下大崎ニテ採集)」とあり、牧野と大崎 (東京都品川区) に一緒に行って採集したものをスケッチしたと考えられる。この図は牧野著『図説 普通植物検索表』(1950) の318図の元絵と考えられる。(I)

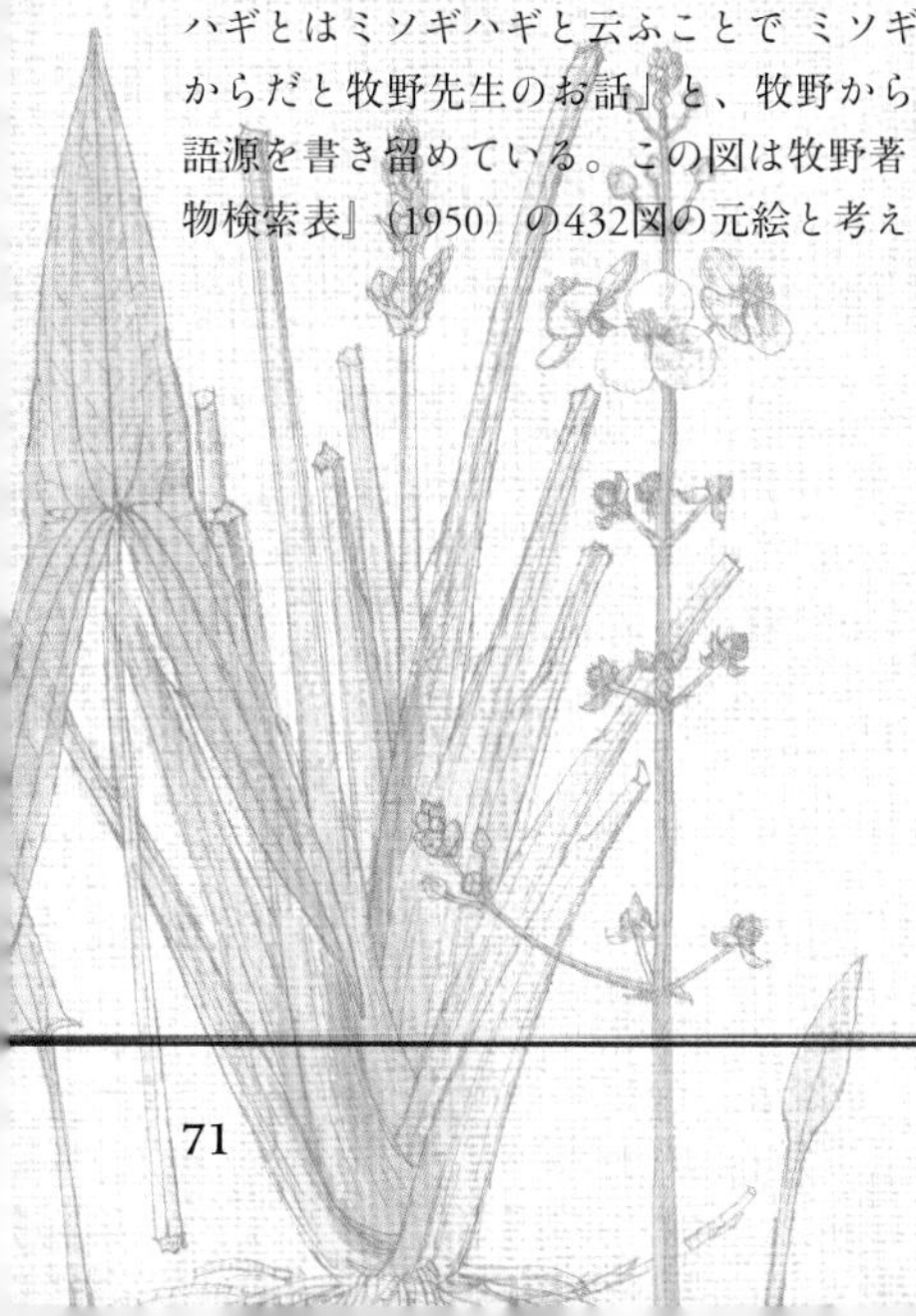

東京大学総合研究博物館のバックヤードから見つかった山田壽雄の植物画。厚紙でくるまれた2包みがあり、ひとつには大きめ (約25 x 15 cm) の紙に描かれた彩色画が367枚、もうひとつには小さめ (約15 x 12 cm) の紙に描かれた線画が167枚含まれていた。(I)

Column

村越三千男との協働と確執

牧野の図鑑の刊行に関しては強力な競争相手がいた。その相手、村越《むらこそ》三千男《みちお》（1872〜1948）は埼玉県で教鞭を執っていたが、図譜の作成をするために上京し、東京博物学研究会を創立する。村越は、明治39年（1906）の『普通植物図譜』の刊行にあたり牧野に校訂を願い、翌年には同じく牧野の校訂を受けて『野外植物の研究』、『続野外植物の研究』を刊行する。

明治41年（1908）に刊行された『植物図鑑』は、それまでの集大成として、2300種について図版とともに解説を加えたものであった。ここでも牧野が校訂をしている。当初は協力関係にあった二人も、『植物図鑑』を出版した頃よりうまくいかなくなったようで、その後両者はそれぞれが植物図鑑の刊行を進める。村越の『大植物図鑑』と牧野の『日本植物図鑑』は、大正14年（1925）のほぼ同じ時期に発行され、それ以降、村越と牧野は熾烈な出版競争を繰り広げた。

『牧野日本植物図鑑』（1940）の最後に、「著者ノ応諾ヲ経ズシテ本書ノ図

《ハルノノゲシ(左)とヤブタビラコ(右)》

『普通植物図譜』（村越三千男〈写生〉・高柳悦三郎〈編〉・牧野富太郎〈校訂〉）第1巻第2集（1906）より。『普通植物図譜』は村越と牧野の最初の著作で、明治39年（1906）〜明治43年（1910）にかけて第5巻まで、2000種ほどが描出された。1ページに2, 3種（時に1種）が彩色で描かれ、後ろに解説をつけるというスタイルであった。(I)

[左頁下] 村越三千男関連の図鑑類。左から『普通植物図譜』（1906〜1910）、『野外植物の研究』（1907）、『続 野外植物の研究』（1907）、『植物図鑑』（1908）、『大植物図鑑』（1925）、『集成新植物図鑑』（1928）、『応用新植物図鑑』（1930）、『全植物図鑑』（1933）、『内外植物原色大図鑑』（1933）、『綜合 新植物図説』（1936）、『内外植物原色大図鑑』（1940）、『日本植物図鑑』（1956）、『原色植物大図鑑』（1955）。

ヲ縦《ほしいま》マニ使用スルヲ許サヌ、従来無断デ我ガ図ヲ剽窃シ或ハ変造シテ自分ノ著書ニ濫用セシ不徳破廉恥ノ無学漢ガアッテ其書ガ世間ニ流布シテキル、……」と強い口調で「警告」しているのは、村越に対してのことと想像される。

激しい競争関係にあった二人だが、昭和30年（1955）に出版された『原色植物大図鑑』は、原著・村越三千男、補筆改訂・牧野富太郎とされ、ほぼ半世紀ぶりに二人の仲が修復されることになる。しかしそれは村越が亡くなった後のことであった。（I）

村越三千男
『ぎょうだ歴史系譜100話』（行田市、平成14年〈2002〉11月）より

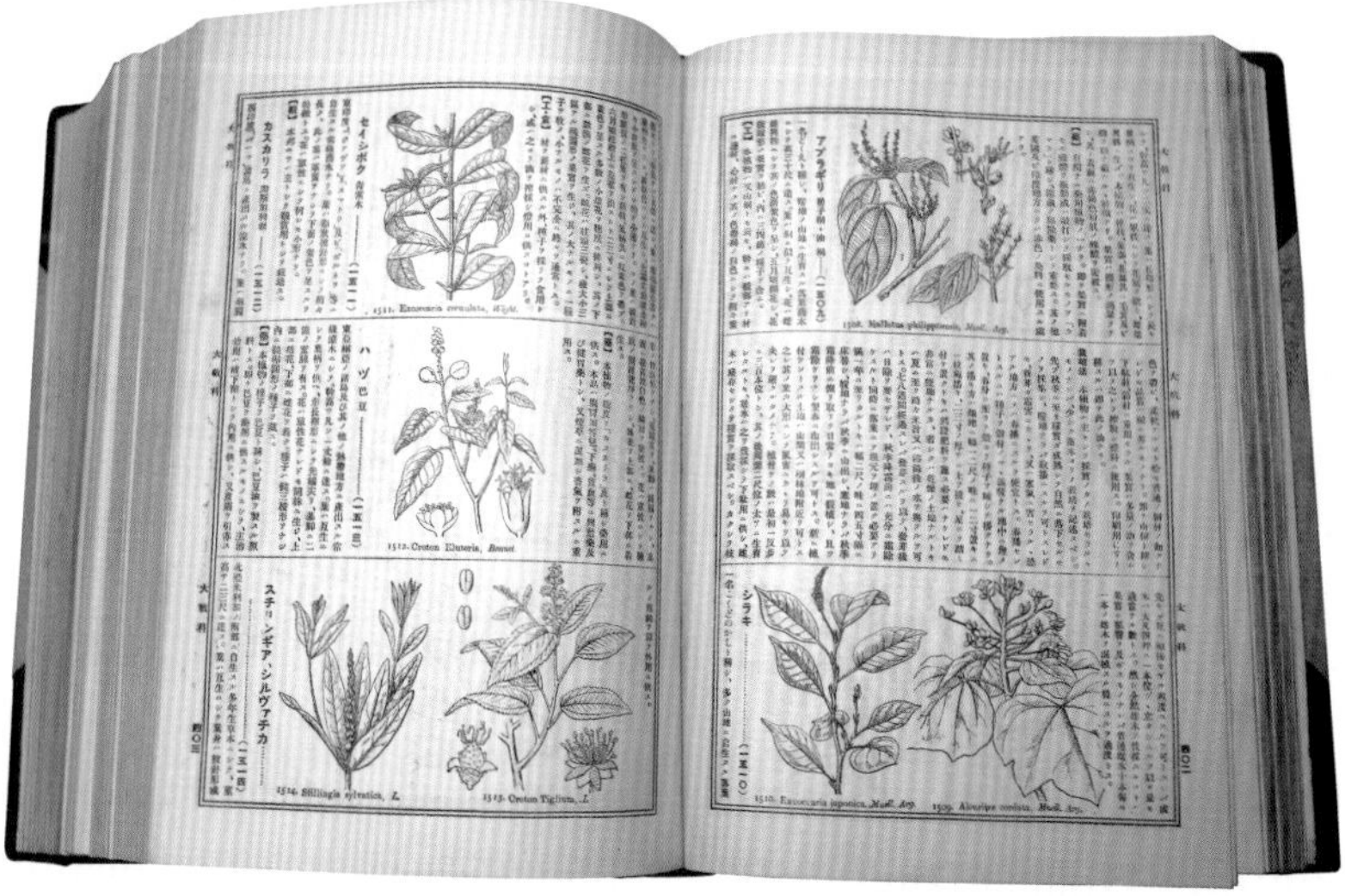

村越の『大植物図鑑』（1925）より。初版は大正14年（1925）9月20日印刷、9月25日発行。牧野の『日本植物図鑑』の初版が同年9月21日印刷、9月24日発行であることから、何らかの意図が感じられる。『大植物図鑑』には東京帝国大学教授であった3人が序を寄せているが、牧野と同じ植物学教室の松村任三の名前があることは、松村がすでに退官していたとはいえ、牧野との確執が続いていたことを伺わせる。（I）

大学講師を辞し標本の仕事へ

東京帝国大学の学生を連れて野外に出た牧野
昭和5年（1930）
東京大学総合研究博物館

大学を辞するとき、自叙伝によれば、不愉快なことがあったようである。牧野は、かねてから後進に道を譲るため講師の職を辞めるつもりであったが、その牧野に辞表提出を強要するようなことが起こった。それは許されない無礼であると牧野は述べている。また、その時の月給が75円であったことも、世間の人を驚かしたという。〝東大を追われた牧野博士〟として、この事件は昭和14年（1939）7月の東京朝日新聞に掲載されたのである。

大学を辞してからやりたい仕事が二つ牧野にはあった。ひとつは、『日本植物図説』を作ること。牧野は、今までに出版した『大日本植物志』などのように、詳細な解説と図解からなるものを出版し、日本の植物誌を完成させたかった。その上、図は線画ではなく、着色にするという希望があった。

もうひとつは、標本の整理。今まで採集してきた植物は新聞紙に挟まれたままで、台紙に貼り植物名など必要な情報を書いたラベルを付する必要があった。しかしながら、その数の膨大さから察しても牧野ひとりでは困難なことで、昭和26年（1951）、文部省に「牧野博士標本保存委員会」が設置され、長年懇意にしていた薬学者の朝比奈泰彦が委員長になり、整理が行われた。これらの標本は牧野の逝去後、東京都立大学牧野標本館に収められてから本格的な整理がなされた。(T)

PICK UP

昭和初期のサラリーマンの月収

戦前を通じて収入の基準になっていたのは月100円であったという。昭和7年（1932）12月号の『文藝春秋』のアンケートによると、平均年齢31.6歳で月収平均は約82円、夏冬のボーナスを含むと年収1200円となり、月収100円の水準に乗る。当時の100円は現在の約20万円である。　※『「月給100円サラリーマン」の時代』（ちくま文庫・2017）より

特集

牧野の愛用品

牧野富太郎の植物研究に捧げた人生は、各地で行った植物採集の積み重ねだと言っても過言ではないであろう。その採集は、目的地にたどりつかないこともあった。駅で降りるとすぐそこで採集が始まって、なかなか先に進まないからである。

牧野にとって採集の道具は、大事な商売道具であり、使いやすさをとことん追求したものであった。それが牧野の「こだわり」とも言えよう。主な採集道具は、採った植物を持ち運ぶための胴乱、植物を根から掘り取るための根掘、枝などを切る剪定ばさみ、そして植物を押し葉にするため新聞紙に挟んで持ち運ぶ野冊などであった。標本製作にあたっては植物をなるべく傷めないようにして、かつきれいに仕上げねばならなかった。だからこそ道具は優れたものでなければならない。

牧野の道具への愛着を感じさせるエピソードをここに紹介しよう。

「ドイツ製の枝きりばさみ。これはほとんど手からはなされない。いつかうかがったときに、いま真鶴からかえってきたが、これからまたいってくるといわれた。なにかめずらしい植物でもあったのですかといいますと、いやたいせつなはさみをどこかにおきわすれた。あれがないと商売ができないといわれる。おきわすれたところがわかっていれば君にいってもらうのだが、どこかわからないからじぶんでさがさなければならないとはりきっておられた。そのとき先生は70歳をこしておられた」

また、牧野は『趣味の植物採集』(三省堂・1935)の中で、この剪定ばさみについて、「実に優れた切れ味で、且使い具合も頗るよいから、諸君にも此ヘンケル会社のを奨めたいのだが、今日のところは品切れで……」と述べている。そして、剪定ばさみは採集している間、手から離してはならないと注意もしている。(T)

剪定ばさみ　個人蔵

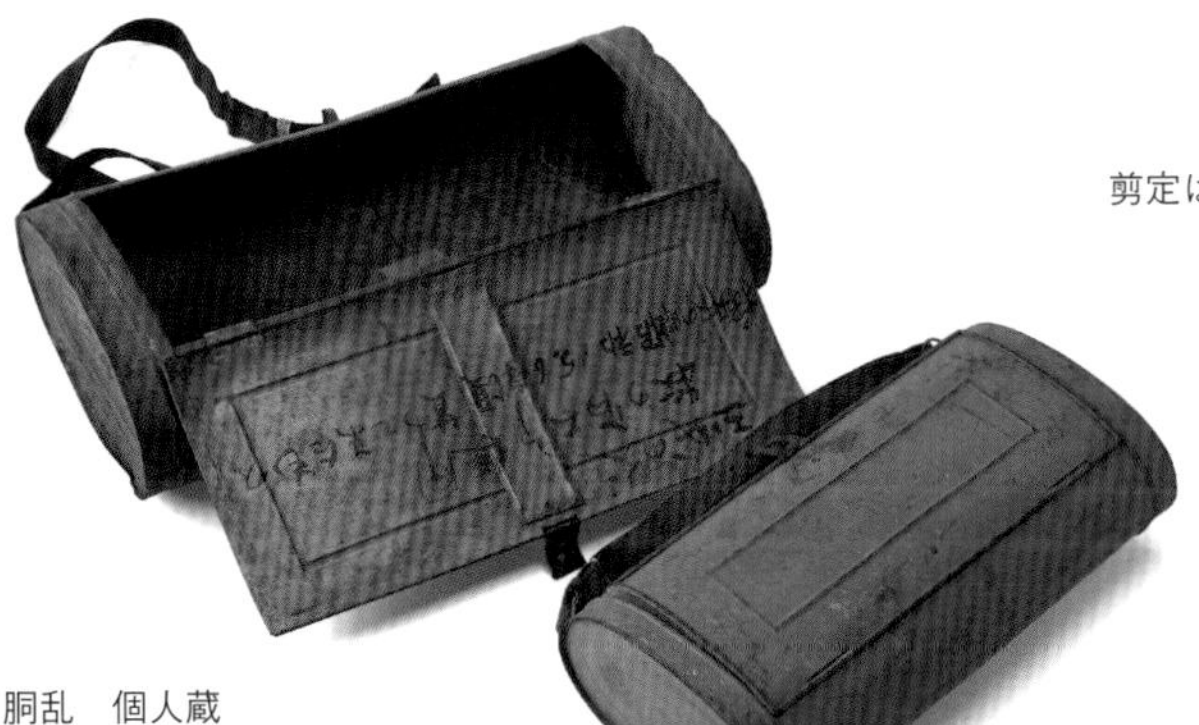

胴乱　個人蔵

種子の入った包み　個人蔵

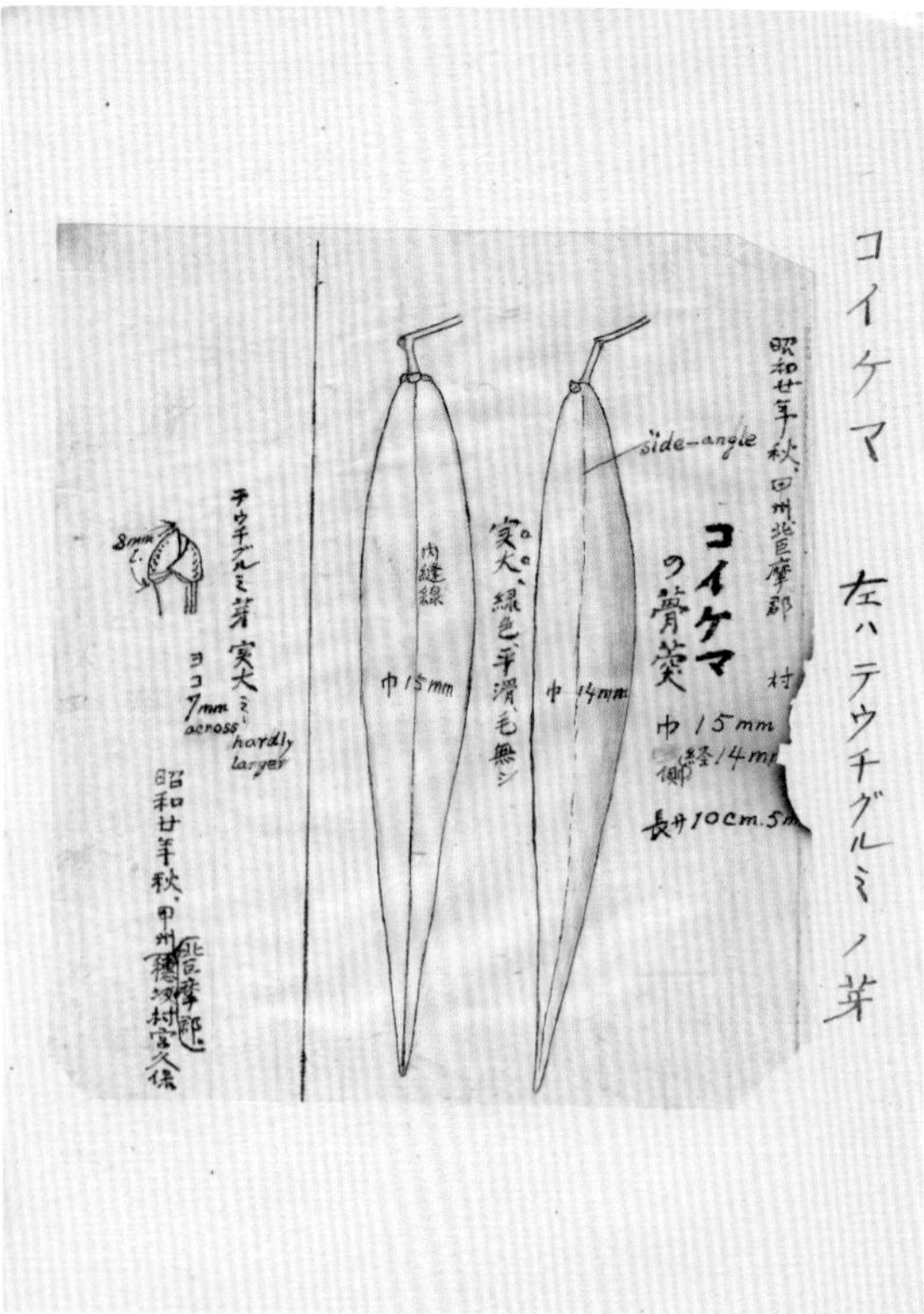

《コイケマ》と《テウチグルミの芽》
昭和20年（1945）　個人蔵

疎開先で牧野は散歩と植物採集・記載、さらに方言の記録を日課とした。疎開中は体調が優れず困難な生活を送ったが、この図のように植物を写生することもあった。(T)

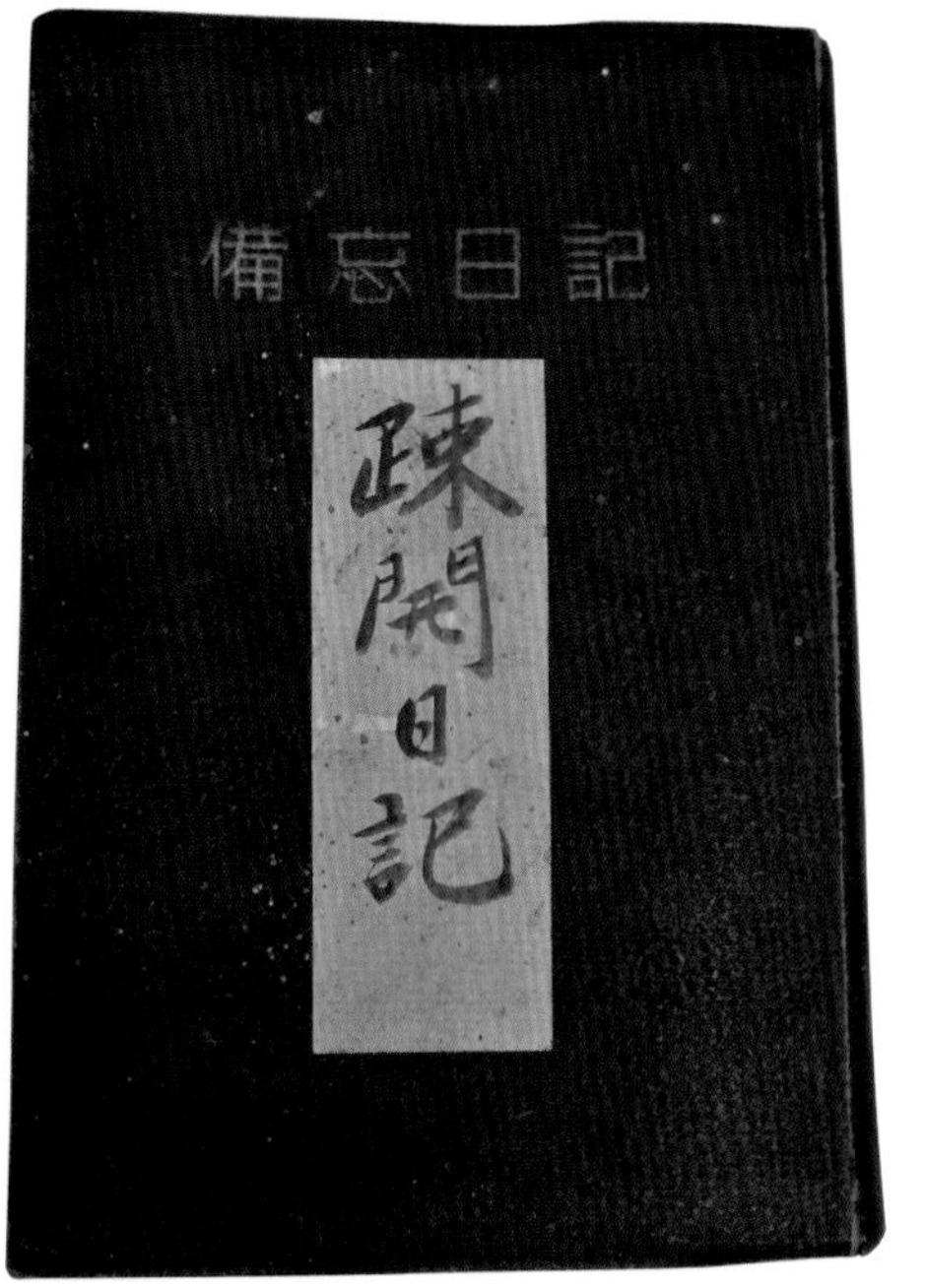

『疎開日記』
昭和20年（1945）　個人蔵

備忘日記と印字された表紙に「疎開日記」と書いた紙片を貼り付けたノート。疎開していた昭和20年（1945）5月から10月までの期間のうち、2か月余りの短い記録である。牧野は若い頃から晩年に至るまで日記をつけていた 。(T)

疎開と晩年

植物研究でもって国に尽くそうと考えていた牧野は、日本にどのような植物があるかを明らかにすることで、有用植物の研究が進み、国の産業に資するようにしたいという明確なヴィジョンがあった。だからこそ人間の暮らしを支える植物に感謝せよ、と主張するのであった。また、植物を愛する心を広めれば、人間は互いを思いやり、争いがなくなるであろうと説いていた。

牧野は、おそらく図鑑の編纂が一段落したころから、万葉集に詠まれた植物の図説集を作ることを企画し、昭和16年（1941）頃から水島南平らに図を描かせていく。万葉集の歌に見られる、植物への愛情や身近な植物を詠むという姿勢が、牧野の考えと合致したのだろう。

しかしながら次第に太平洋戦争が激化するなかで、思うように計画は進まなくなっていった。牧野が信頼していた山田壽雄はすでに故人となり、水島南平は郷里に帰ってしまった。昭和20年（1945）に牧野は山梨県巨摩郡穂坂村に疎開した。そこでは、リンゴ箱を二つ並べた机で書きものに余念がなかったという。戦後は、先に述べた『日本植物図説』と平行して、『万葉植物図譜』の編纂も継続させようと努力したが、完成を見ることはなかった。

年齢を重ねるとともに採集に出かけることが叶わなくなってきた牧野は、自邸の庭で過ごす時間が多くなっていった。

昭和20年代後半、自宅にて
個人蔵

牧野にとって、庭は自分が採集したものや各地から取り寄せたものなどが生育する植物園であり、絶えず発見がある実験場であった。庭で採集した植物や知り合いから送られてきたものなどを貼りつけた貼付帖が残されている。それは昭和20年代後半に製作されたもので、その表紙に見られる「貼り尽す全頁」という文言からは牧野の衰えを知らぬ熱意が感じられる。(T)

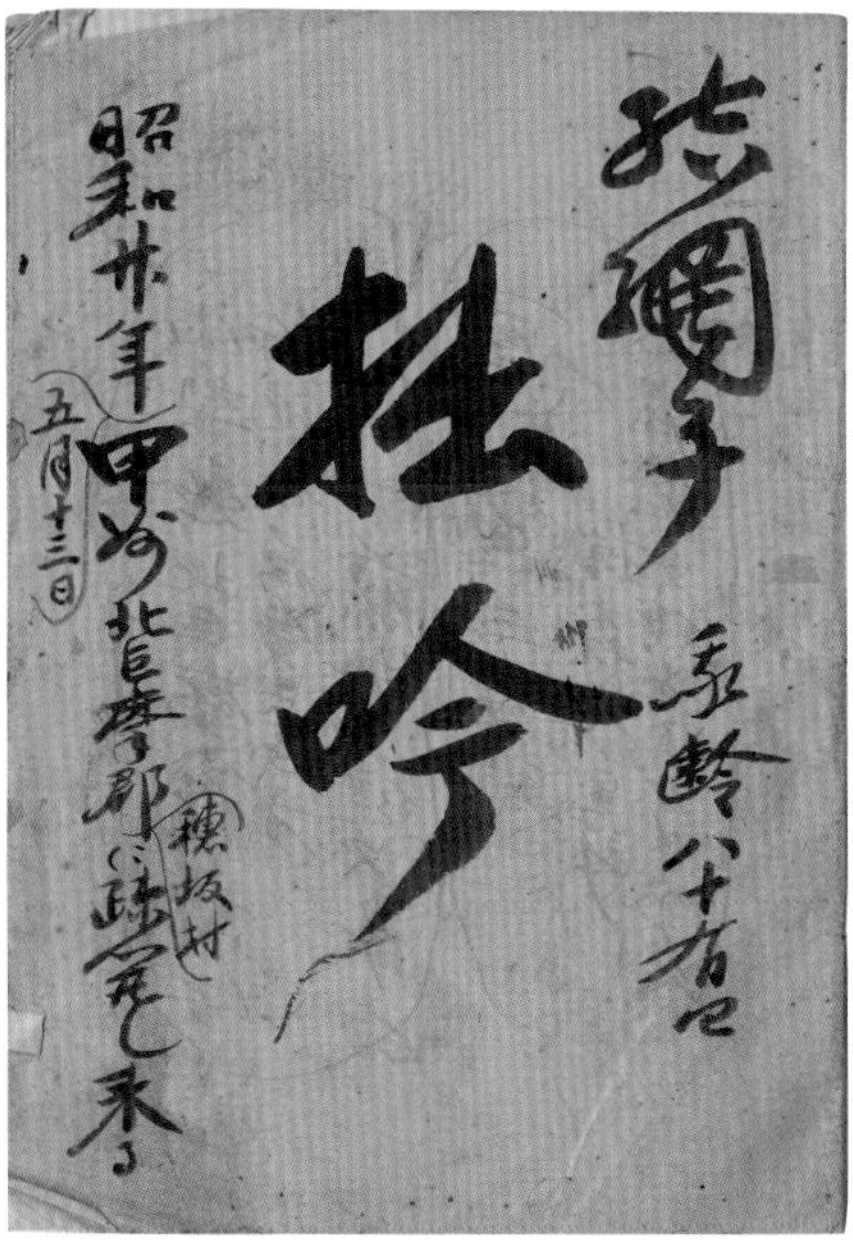

『拙吟』表紙
昭和20年(1945)　個人蔵

疎開先で牧野が折につけ歌を詠み、書き溜めた『拙吟』。食料の不足や、食料を恵まれたときの感謝の気持ちを詠んだ歌もあるが、ユーモアに富んだ歌もあり、心のゆとりを感じさせる。(T)

牧野富太郎関連施設

高知県立牧野植物園

所在地　高知県高知市五台山4200-6
TEL.　088-882-2601
WEBサイト　https://www.makino.or.jp

牧野が逝去した翌年の昭和33年（1958）4月に高知市の五台山に開園。起伏をいかした約8haの園地には、牧野ゆかりの野生植物など3000種類以上が四季を彩る。平成11年（1999）には「牧野富太郎記念館」を新設。牧野の生涯や業績を、直筆植物図をはじめ豊富な資料で紹介している。

東京都立大学牧野標本館

所在地　東京都八王子市南大沢1-1
TEL.　042-677-1111（代表）
WEBサイト　https://www.biol.se.tmu.ac.jp/herbarium/

牧野が採集した植物標本を中心に約50万点の標本を所蔵。昭和33年（1958）に学術資料として活用することを目的として設立され、標本展示コーナーもある。標本庫は一般非公開。

練馬区立牧野記念庭園

所在地　東京都練馬区東大泉6-34-4
TEL.　03-6904-6403
WEBサイト　https://www.makinoteien.jp

牧野が満94歳の生涯を終えるまで暮らした自宅の跡地を記念庭園として、昭和33年（1958）に開園。庭園には300種類以上の草木類が生育し、スエコザサをはじめ珍しい種類の植物も数多くあり、学術的にも貴重と評されている。

東京大学総合研究博物館

所在地　東京都文京区本郷7-3-1
　　　　東京大学本郷キャンパス内
TEL.　050-5541-8600（ハローダイヤル）
WEBサイト　https://www.um.u-tokyo.ac.jp

小石川植物園

所在地　東京都文京区白山3-7-1
TEL.　03-3814-0138
WEBサイト　https://www.bg.s.u-tokyo.ac.jp/koishikawa/

牧野は明治26年（1893）から昭和14年（1939）まで東京大学の教員を務めていた。東京大学総合研究博物館と小石川植物園には、牧野が採集した標本が収蔵されている。

・情報は2023年2月のものです。最新の情報はwebサイト等でご確認のうえ、各施設にお問い合わせください。

掲載植物図・標本と著書

アート・ビギナーズ・コレクション
もっと知りたい 牧《まき》野《の》富《とみ》太《た》郎《ろう》 生涯と作品

2023年2月28日　初版第1刷発行

著　者　池田 博　田中純子
発行者　永澤順司
発行所　株式会社東京美術
〒170-0011
東京都豊島区池袋本町3-31-15
電話 03(5391)9031
FAX 03(3982)3295
https://www.tokyo-bijutsu.co.jp
印刷・製本　シナノ印刷株式会社

乱丁・落丁はお取り替えいたします
定価はカバーに表示しています

ISBN978-4-8087-1261-7 C0045

著者

池田 博〈いけだ・ひろし〉

専門は植物分類学。広島大学理学部生物学科卒業、東京大学大学院理学系研究科植物学専門課程（博士過程後期）単位取得退学。兵庫県立人と自然の博物館、岡山理科大学を経て、現在、東京大学総合研究博物館准教授。日本植物分類学会国際シンポジウム準備委員会委員長、『植物研究雑誌』編集委員、ヒマラヤ植物研究会会長を務める。

田中純子〈たなか・じゅんこ〉

専門は歴史学。上智大学大学院修士課程修了。中学校・高等学校で教師を務めた後、東京国立博物館で江戸から明治時代にかけての博物学的資料の整理調査に当たる。2010年、リニューアルオープンした練馬区立牧野記念庭園記念館の学芸員となり現在に至る。植物学者・牧野富太郎をはじめ植物と関わったさまざまな人たちの展示を手掛ける。

写真提供・協力（敬称略）
太田修平／高知県立牧野植物園／国立国会図書館／東京国立博物館／東京大学総合研究博物館／東京大学大学院理学系研究科附属植物園／東京都立大学牧野標本館／練馬区立牧野記念庭園／藤島ヒロ子／牧野一淳／DNPアートコミュニケーションズ

＊掲載図版の中に、連絡先などが不明のため、ご所蔵者に許可を得ていないものがありますが、本書論述の参考図版として必要なものであるため、掲載いたしました。ご所蔵者について、ご存知の方はご一報ください。

本文デザイン
佐々木由美（デザインフォリオ）
カバーデザイン
幅 雅臣
編集協力
関橋眞理（オフィスKai）

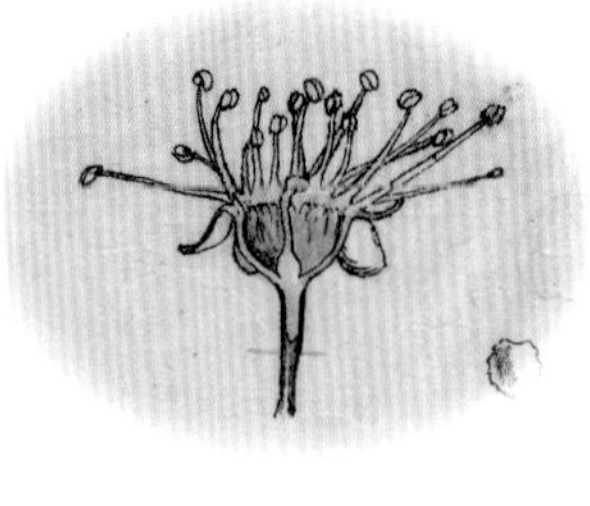

《リンボク》
（部分、p.15）

DARWIN. NOM. JAP. Muzinamo. ムジナモ

《ムジナモ》
(p.27)

【部分名称】

4.　葉ノ一輪	31.　開展セル葉面	52.　花式
5.　茎ノ横截面	34.　花梗ヲ伴フタル花	54.　蒴果
11.　閉鎖セル嚢状葉ノ横截	42.　背面ヨリ見タル雄蕊	57.　種子
16.　葉柄頭ニ在ル鬚ノ一	45.　雌蕊	66~68.　胚

※図の名称は、『日本植物志図篇』第1巻第12集（1934）より抜粋